L'ASSISE AU COMTE GEFFROI

ÉTUDE

SUR LES

SUCCESSIONS FÉODALES EN BRETAGNE

PAR

MARCEL PLANIOL

PROFESSEUR AGRÉGÉ A LA FACULTÉ DE DROIT DE PARIS

PARIS
L. LAROSE ET FORCEL
Libraires-Éditeurs
22, RUE SOUFFLOT, 22

RENNES
HYACINTHE CAILLIÈRE
Éditeur
2, PLACE DU PALAIS, 2

1888

L'ASSISE AU COMTE GEFFROI

ÉTUDE

SUR

LES SUCCESSIONS FÉODALES EN BRETAGNE

Extrait de la *Nouvelle Revue historique de Droit français et étranger.*

L'ASSISE AU COMTE GEFFROI

ÉTUDE

SUR LES

SUCCESSIONS FÉODALES EN BRETAGNE

PAR

MARCEL PLANIOL

PROFESSEUR AGRÉGÉ A LA FACULTÉ DE DROIT DE PARIS

PARIS
L. LAROSE ET FORCEL
Libraires-Éditeurs
22, RUE SOUFFLOT, 22

RENNES
HYACINTHE CAILLIÈRE
Éditeur
2, PLACE DU PALAIS, 2

1888

IMPRIMERIE
CONTANT-LAGUERRE
LVX VITAM
BAR-LE-DUC

L'ASSISE AU COMTE GEFFROI

ÉTUDE

SUR

LES SUCCESSIONS FÉODALES EN BRETAGNE (1)

PRÉAMBULE.

1. Importance de l'Assise.
2. Oubli dans lequel elle est tombée.

1. — Sous ce nom, dont la forme révèle l'archaïsme, la Bretagne possédait un vieux texte qui défendait de partager dans les successions les baronnies et les chevaleries, et qui eut la singulière fortune de rester en vigueur pendant plus de six cents ans. Depuis 1185 jusqu'au 8 avril 1791, jour où la Constituante proclama le principe de l'égalité des partages entre frères, elle ne cessa pas d'être la loi vivante pour les grandes seigneuries de la province. En 1787, le Parlement de Paris s'en occupait encore à propos de la baronnie de Quintin qui se trouvait comprise dans la succession du duc de Lorges.

C'est le texte le plus ancien que nous possédions sur les successions féodales, et deux choses rehaussent encore l'importance que lui donne sa date.

(1) Ayant été chargé à deux reprises différentes du cours complémentaire d'Histoire du droit à la Faculté de Rennes, je m'appliquai exclusivement à l'étude des anciens usages de la Bretagne, et cet article est le premier d'une série que je me propose de continuer.

D'abord ce n'est pas un texte dérivé, œuvre privée et postérieure, due à quelque praticien, où nous soyons réduits à rechercher par l'analyse les éléments du droit primitif; c'est le texte original lui-même, une loi entière et intacte organisant tout un nouveau système de succession.

En second lieu, l'intérêt qui s'y attache n'est pas purement local. Le régime ainsi établi en Bretagne a été suivi dans un groupe important de provinces qui occupent tout le nord-ouest de la France, et il a joué un si grand rôle au moyen-âge qu'il a servi à caractériser le régime féodal français. Partout où le même principe a été admis, en Sicile, à Jérusalem, les terres qui s'y trouvaient soumises s'appelaient *fiefs à la française.*

2. — Ouvrez cependant nos traités d'Histoire du droit et prenez les meilleurs. Quelle place y tient-elle? Son nom même n'y est pas prononcé (1)!

Cet oubli universel dans lequel l'Assise est tombée, a deux causes.

La première, c'est l'obscurité qui l'a toujours enveloppée; elle est peu connue parce qu'elle n'a jamais été bien comprise. Les successions bretonnes sont restées célèbres par les difficultés dont elles étaient remplies, et c'est autour de l'Assise que les ténèbres se sont pour ainsi dire condensées, s'épaississant de plus en plus avec les siècles. Elle a été pour la Bretagne, ce qu'a été pour Rome la loi des XII Tables, un texte dont tout le monde parle, mais que bien peu connaissent et que personne ne comprend. Je laisse sur ce point la parole à Hévin : « Voilà le texte de cette fameuse Assise qui » depuis cinq cens ans fait tant de bruit en Bretagne, mais » quoy que tout le monde en parle, tant le Bourgeois que » l'Artisan, et que les Notaires mesme de village en rehaus- » sent leur stile dans les actes de partage entre Nobles (en di-

(1) Par exemple, dans le précieux volume de M. Viollet sur l'*Histoire du droit français.* Il y est fait une brève allusion à la page 722, mais elle n'y est pas nommée, et le lecteur ne soupçonne pas qu'il s'agit de l'Assise de de Geffroi. Pourtant l'auteur est un maître en fait d'érudition et l'un des rares écrivains modernes qui aient eu à s'occuper de l'Assise. Ce n'est donc pas oubli de sa part; il a subi l'effet du dédain général : la place légitime de l'Assise dans l'Histoire n'est pas faite encore.

» sant que les parties ont reconnû que leurs Autheurs se sont » gouvernez selon l'Assise au Comte Geffroy), de dix mille » personnes il n'y en a pas une qui l'ait leuë, et l'on peut ju- » ger que le nombre de ceux qui l'entendent est beaucoup » moindre, puisque M. d'Argentré, n'ayant pas mesme eu le » texte correct, y a fait autant de chutes que de démarches (1). »

Une seconde raison a fait perdre de vue notre Assise. Nous avons pris l'habitude, surtout depuis le Code civil, de ne voir dans notre ancien droit que la Coutume de Paris. La tendance de nos jurisconsultes était de ramener le droit français à l'unité en prenant Paris pour centre et sa Coutume pour type. Nous avons bénéficié de leurs efforts et l'unité de législation est faite aujourd'hui; mais par une sorte d'illusion d'optique nous reportons dans le passé cette unité qu'il ne connaissait pas, et nous nous exagérons l'importance de la Coutume de Paris. Son rôle, si ce n'est tout à fait dans les derniers temps, a été moindre qu'on se l'imagine. Ce n'est pas seulement le Midi avec ses traditions romaines, le Nord et l'Est avec leurs habitudes demi-germaniques qui lui échappaient : l'ouest aussi résistait à son influence; les coutumes anglo-normandes y régnèrent longtemps en souveraines. Ces groupes régionaux de législations provinciales sont intimement liés à notre histoire politique. La prépondérance croissante de Paris les a fait oublier, mais l'histoire du droit devra les reconstituer; la carte géographique de nos institutions coutumières sera une de ses grandes tâches (2). Cette étude va nous fournir l'occasion de retrouver, dans les anciennes possessions des Plantagenêts, une des régions les mieux délimitées.

(1) *Arrests du Parlement de Bretagne, mémoires et plaidoyers de Sébastien Frain*, 3e édition avec *Annotations*, par Hévin, Rennes, 1684, t. II, p. 543.

(2) M. Laferrière avait entrepris cette grande œuvre : dans les tomes V et VI, qui sont peut-être les meilleurs de son ouvrage, il a esquissé cette géographie des Coutumes de France, mais si j'en juge par la région que j'ai étudiée, il n'a aperçu que d'une manière très imparfaite les affinités naturelles qui les réunissent. — M. Flach nous promet lui aussi un tableau de nos régions coutumières qui n'a pas encore paru (*Les origines de l'ancienne France*, t. I, Introduction, p. 20).

TEXTE DE L'ASSISE.

A. — *Texte latin* (1).

3. — Notum sit omnibus tam presentibus quam futuris quod (2) cum in Britannia detrimentum terræ plurimum soleat evenire, ego Gaufridus, filius Henrici regis, dux Britanniæ, Comes Richemundiæ, utilitati terræ providere desiderans, petitioni episcoporum et baronum omnium Britanniæ satisfaciens, communi assensu eorum Assisiam feci tempore meo et successorum meorum permansuram, et concessi :

Quod in baroniis et feodis militum ulterius non fierent divisiones, sed major natu integre (3) dominatum (4) obtineret, et junioribus suis majores providerent et invenirent (5) honorifice necessaria juxta posse suum.

Ea vero quæ tunc juniores possidebant in terris sive denariis, tenerent quamdiu viverent. Heredes quidem terras tenentium, illas possiderent in perpetuum; heredes vero denarios et non terras habentium, minime post patres haberent.

Item si terra majoris (6) devenerit in balliam, frater major post eum balliam habebit. Quod si fratrem non habuerit, ille de amicis balliam habeat cui decedens cum assensu domini voluerit eam commendare.

In filiabus vero qui majorem habuerit (7) terram habeat,

(1) J'ai essayé d'établir ici le texte définitif de l'Assise, en le débarrassant des erreurs de copie dont il est surchargé et en me bornant à signaler en notes les rares variantes qui affectent le sens. Pour ce travail je me suis presque uniquement servi des textes publiés par Hévin et par D. Lobineau; je dirai plus loin pourquoi les manuscrits que nous possédons encore m'ont été d'une si faible ressource (Voir ci-dessous, n° 6).

(2) Les premiers mots jusqu'à *cum in Britannia* manquent dans la plupart des éditions imprimées, même dans celle d'Hévin.

(3) Variantes : *integrum*, *terræ integræ*.

(4) Variante : *dominium*.

(5) Variantes : *ministrarent*, *ut viverent*.

(6) Certaines copies donnent ici *minoris* pour *majoris*, ce qui est une erreur évidente. C'est cependant cette lecture que d'Argentré a admise.

(7) Variante : *quæ major erit*.

et juniores maritabit de terra ipsa ad consilium domini et propinquorum generis.

Si autem in terra majoris maritagium aliquod accidere contigerit quod juniori placeat, illud habebit, nec major alii conferre poterit, dum junior habere velit. Quod si habere noluerit et alibi invenerit, major frater ei de rebus et catallis suis dando perquirat (1) pro posse suo cum consilio propinquorum amicorum.

Item si major juniori terram dederit de qua eum in hominem recipiat et sine herede obierit, alicui de propinquis suis cui voluerit eam dabit, ita quod ad principalem dominum (2) non redeat. Si autem non ceperit eum in hominem, ad majorem fratrem hereditas revertetur.

Hanc Assisiam ego Gaufridus, dux Britanniæ, et Constancia uxor mea et omnes barones Britanniæ juravimus tenere. Decrevimus etiam necessarium ut et majores natu et juniores eam jurarent tenendam, et si juniores nollent jurare, amplius nec in terris nec in denariis partem essent habituri.

Hanc igitur institutionem sive Assisiam nominatim A (3)... et ejus heredibus per totam terram suam concessimus permansuram. Et ut hoc ratum permaneat et stabile, attestatione sigilli mei et Constanciæ uxoris meæ voluimus roborari, testibus NN... (4) et pluribus aliis (5).

Apud Redonas, anno Domini MCLXXXV (6).

(1) Variantes : *procuret, procurabit, proquirat.*

(2) *Ad principalem heredem,* dans la copie dont se servait d'Argentré.

(3) Chaque exemplaire portait ici le nom du baron auquel il avait été remis : Andreæ de Vitreio, Alano de Rohan, Rolando de Dinanno, etc.

(4) Les noms des prélats et barons présents à l'Assise varient d'un manuscrit à l'autre. Ceux qu'on peut relever en comparant les différentes copies sont les suivants : Herbert, évêque de Rennes; Pierre, évêque de Saint-Mâlo; Guehenoc, évêque de Vannes; Maurice, élu de Nantes; Raoul de Fougères; Alain de Rohan; Roland de Dinan; André de Vitré; Geoffroi de Châteaubriant; Eudon de Porhoët; le seigneur de Châteaugiron; un abbé de Tudi qui n'est pas nommé, à moins que ce ne soit le *Gualterius abbas* mentionné dans quelques copies. La *Gallia Christiana* ignore l'existence d'un abbé de Tudi à la fin du XIIe siècle (t. XIV, col. 890); — enfin, un ou deux personnages désignés d'une manière vague, parmi lesquels Hévin croit reconnaître Alain de Penthièvre (sur Frain, p. 516).

(5) Variante : *et omnibus aliis baronibus Britanniæ.*

(6) Certains imprimés portent à tort 1175. Warnkœnig s'est également

B. — *Ancienne traduction.*

4. — *L'explication de l'Assise en Francoys.* — Saichent tous ceulx qui ont à estre que comme pluseurs contenz veneissent en Bretaigne entre freres et seurs a departir leurs terres, Geffroy, filz du roy de Bretaigne, duc pour cely temps, conte de Richemont, desirant pourvoirs au proufit de la terre, et faisant satisfacion a la reverence des evesques et de touz les barons de Bretaigne, o leurs voluntés, faiz assise qui durera en mon temps et ou temps de mes successeurs.

C'est a savoir que des baronnies et de fiez des chevaliers nulles parties ne seront doresnavent faictes, mais l'aisné tendra la seignorie et porvoira ses joveignours honorablement selon son povoir.

Et ce que les joveignours auront eu et tendront tant en terres que en deniers tendront tant comme eulx vivront, et les hoirs aux aisnés tendront icelles terres à touz jours mais, et les joveignours qui auront eu deniers ne auront point de hoir après leur mort.

Et si la terre aux aisnés chiet en baill, l'aisné frere après lui aura le baill, et s'il na frere, ung des amis de luy tendra le baill a qui le déceix de la terre est que icelle terre profitera et gardera a la volunté et octroy du seigneur.

Et s'il advient que la terre advienne à filles par defaul de hoir masle, celi qui aura l'esnée fille aura la terre, et marira les jouveigneures d'icelles terres suffisamment selon la terre et o le conseil des amys prouches du seignour.

Et s'il advient que en la terre a l'esné cheige aucun mariage qui plaise au jouveignour iceli jouveignour aura icely mariage, ne l'esné ne le porra donner a nul autre tant comme le jouveignour le vieille avoir, et si le jouveignour ne le veult avoir et estre yssu et paié hors de la terre et quierge autre mariage, le frere aisné donnera a ses jouveignours de ses choses et de ses meubles suffisamment, et les pourvoira selon le pouvoir de la terre, o le conseil des amys prouches.

trompé, et Brunner d'après lui, en donnant 1187 comme date de l'Assise. En 1175, Geoffroi n'était pas encore marié; en 1187, il était mort.

Et en après si l'aisné donne terre au jouveignour, de laquelle terre l'aisné receve le jouveignour à homme, et si le jouveignour avoit hoir masle ou femelle, la terre tournera à l'hoir du jouveignour après la mort du jouveignour; et si le jouveignour mouroit sans hoir, il pourroit donner icelle terre a qui il voudroit de ses prouches amys, ainsi que la terre ne remainge au chef seigneur, et si l'aisné ne receit le jouveignour a homme d'icelle terre, la terre reviendra à l'aisné ou a son hoir après la mort du jouveignour.

Ge, Geffroy, duc de Bretaigne, comte de Richemont et Constance ma femme et tous mes barons de Bretaigne jurasme tenir cette assise, et c'est chose nécessaire que les aisnez et les jouveignours jurassent à la tenir, et si les jouveignours ne vouloient la tenir et jurer, doresnavant n'eussent partie en terres ne en deniers.

Et ceste assise octrasmes à Rolland de Dinan o ses hoirs, à touz jors mes pour toute sa terre, et a ce que ce soit ferme et estable à touz jors mes, Ge, Geffroy et Constance ma femme la saellasme en nos sceaux, cestes personnes tesmoins : Herbert, evesque de Rennes; Pierre, evesque de Saint-Malo; Morice, elu de Nantes; Raoul de Foulgères; Alain de Rohan; Alain filz au comte Henry; le filz Gaultier de Bedeuc et pluseurs autres. A Rennes (sans date) (1).

BIBLIOGRAPHIE DE L'ASSISE.

A. — *Manuscrits.*

5. — Les *originaux*, qui avaient été remis aux barons assemblés en 1185, ont péri depuis longtemps. D'Argentré, se plaignant quelque part de la disparition des vieux titres, l'attribuait non sans raison à trois fléaux, *incendiis, tutelis, blattis.* — Cependant l'exemplaire d'André, baron de Vitré, s'était conservé dans sa famille qui le possédait encore au XVIe siècle. A cette époque on le tira du chartrier pour en prendre copie,

(1) Bibliothèque de la ville, Rennes, Ms. 184, f° 159 (fin du XVe siècle).

les sceaux y pendaient intacts; Hévin pensait même qu'il existait encore de son temps (1). Nul n'a pu me dire ce qu'il était devenu depuis; les Archives d'Ille-et-Vilaine ne possèdent que peu de chose des titres de Vitré.

6. — Des *copies* nombreuses en avaient été tirées. Hévin et les bénédictins en indiquent plusieurs (2). Les plus répandues provenaient de l'exemplaire de Léon, mais c'étaient aussi les plus mauvaises; les fautes s'y étaient d'autant plus multipliées qu'elles avaient plus couru par les mains des copistes (3).

Les manuscrits de l'Assise existent encore en assez grand nombre.

Tantôt elle figure au milieu d'un recueil de Constitutions ducales, à la fin de la très ancienne coutume, comme dans les manuscrits suivants : à Paris, Bibliothèque nationale, Mss. fr. 1938, 14398 et 22316 (Ce dernier, qui vient des Blancs-Manteaux, n'est qu'une copie exécutée au XVIIIe siècle par les Bénédictins) (4); Bibliothèque de l'Arsenal, Ms. 2570 (ancien n° 55, Jurisp. fr.). — A Rennes, Bibliothèque de la ville, Mss. 184 (n° 72 du catalogue Maillet), et 388. — A Nantes, Bibliothèque de la ville, Manuscrit de la très ancienne coutume non coté; c'est le seul que la ville de Nantes possède. A Londres, *Harleian collection*, n° 4398; *British museum*, n° 8876. Le Vatican doit posséder dans le fonds de la reine Christine, le manuscrit dont se sont servis D. Lobineau et Sauvageau et qu'ils indiquent ainsi : *Ex cod. Ms.* 184 *Reginæ Sueciæ*, mais la demande de renseignements que j'avais adressée à Rome est restée sans réponse.

Tantôt l'Assise se rencontre au milieu de textes divers, comme dans le *Cartulaire de Saint-Melaine* (5) et dans le *Chronicon Briocense* (6); quelquefois même dans des recueils étran-

(1) Hévin, *Annotations sur Frain*, p. 517.

(2) Hévin sur Frain, p. 515; D. Lobineau, *Preuves*, col. 317; D. Morice, *Histoire de Bretagne*, t. Ier, p. 117; *Preuves*, t. Ier, col. 705.

(3) Hévin sur Frain, p. 517.

(4) Sur le fonds des Blancs-Manteaux, voir le *Rapport* de M. Arthur de la Borderie, dans le *Bulletin de l'Association bretonne*, t. III, Ire partie, p. 132.

(5) Rennes, Bibliothèque de la ville, Ms. 288, f° 183. Ce manuscrit est actuellement réclamé par les Archives départementales.

(6) Bibliothèque nationale, Ms. lat. 6003, f° 92, v°.

gers à la Bretagne, comme dans le Ms. lat. 11032 de la Bibliothèque nationale (1).

Dans tous ces manuscrits, le texte de l'Assise est altéré par des copies successives, et il n'y a peut-être pas un seul mot qui n'ait été l'occasion d'une faute. Toutefois une simple comparaison suffit pour faire disparaître la plupart de ces taches, et ce travail est encore facilité par les variantes que D. Lobineau a eu le soin de reproduire. Mais Hévin surtout nous a rendu service, en conservant le texte original tiré des Archives de Vitré d'après les deux impressions qui en furent faites au XVIe siècle. Comme il le dit très justement, l'écriture du temps de Geffroi n'est pas difficile à lire, et la copie qui en fut prise alors peut être tenue pour correcte : c'est du reste ce que prouve son examen, quand on la rapproche des manuscrits actuels. Grâce à cette circonstance nous pouvons nous considérer comme étant aujourd'hui encore en possession du texte de l'Assise dans toute sa pureté.

B. — *Éditions imprimées.*

7. — L'Assise fut d'abord publiée dans les premières éditions de la Très ancienne Coutume, mais ces incunables sont aujourd'hui fort rares; il est telle édition dont on ne connaît plus que trois exemplaires ou même deux. La Bibliothèque nationale et la Bibliothèque de Rennes sont les seules qui en possèdent la série complète (2).

D'autres impressions furent faites en 1536 et en 1552 d'après l'original de Vitré, et quoiqu'elles soient depuis longtemps perdues, elles nous fournissent encore le seul texte correct que nous ayons, grâce à la reproduction qu'en a donnée Hévin. Du reste, elles étaient déjà si rares de son temps, qu'il n'en vit jamais qu'un exemplaire de chaque édition (3).

(1) Manuscrit signalé par M. Joseph Tardif, dans son édition du *Très ancien Coutumier de Normandie*, préface, p. XIV.

(2) Sur les éditions publiées en Bretagne avant 1500, lire l'étude de M. de la Borderie sur l'*Imprimerie en Bretagne au XVe siècle*, publiée par la Société des Bibliophiles bretons, Nantes, 1878.

(3) Hévin sur Frain, p. 517.

8. — Les ouvrages dans lesquels on trouve aujourd'hui le texte de l'Assise sont les suivants :

1° BERTRAND D'ARGENTRÉ, *Histoire de Bretagne*, liv. IV, chap. XXX, édition de 1588, f° 225 (1). Très mauvais texte donné d'après une copie de l'exemplaire de Léon. « Chose étonnante, » dit Hévin, qu'un homme qui avoit long-temps étudié cette » matière, et auquel sa naissance, son mérite et sa dignité » de Senéchal et President au Presidial de Rennes ouvroient » tous les Cabinets se soit contenté de cette misérable copie » qu'il reconnoist estre toute defigurée par les fautes des co- » pistes (2). »

Ce qui est encore plus extraordinaire, c'est que d'Argentré, ayant écrit sur les successions nobles de Bretagne un traité spécial, l'*Advis et Consultation sur les partages entre les nobles*, n'y ait pas inséré le texte latin de l'Assise, mais seulement une traduction de sa façon.

2° GIRARD et JOLY, *Trois livres des offices de France*, Paris, 1638, t. I, p. 585. Mauvais texte suivi d'une traduction.

3° HÉVIN, *Arrests du Parlement de Bretagne pris des mémoires et plaidoyers de feu Me Sébastien Frain*, troisième édition, Rennes, 1684, t. II, p. 518 et suiv. Texte excellent, d'après les copies prises au XVIe siècle sur l'original de Vitré.

(1) D'Argentré n'avait pas inséré l'Assise dans la première édition qui est de 1582. Cette édition fut saisie par ordre du roi au moment où elle allait paraître, quand il ne restait plus à imprimer que le titre et la table; mais un certain nombre d'exemplaires furent mis plus tard en circulation avec un faux-titre et portent la date de 1588. Ils sont faciles à reconnaître, car leurs chapitres portent un numérotage unique pour tout le volume, tandis que dans les exemplaires imprimés en 1588, ils forment des séries successives avec un numérotage spécial pour chaque livre.

(2) Hévin sur Frain, p. 515. — J'ai retrouvé le manuscrit dont s'était servi d'Argentré; c'est le Ms. 184 de la ville de Rennes. J'en ai pour preuve, outre la parfaite similitude du manuscrit et du texte publié par lui, le monogramme DRGN, sur une feuille de papier collée au dos du feuillet 158. Ce monogramme se retrouve en tête de l'*Inventaire de la librairie* de d'Argentré, qui est écrit de sa propre main (Rennes, Bibliothèque de la ville, Ms. ancien 217). Il y aurait là un moyen de reconstituer au moins en partie la bibliothèque du célèbre sénéchal qui, après avoir été léguée par M. de Bourgneuf au couvent des capucins de Rennes, appartient aujourd'hui à la ville. Les employés m'ont assuré avoir vu ce monogramme sur divers volumes sans en comprendre le sens; malheureusement l'inventaire dressé par d'Argentré est tellement sommaire qu'il ne peut être d'un grand secours.

4° D. LOBINEAU, *Histoire de Bretagne*, t. II, col. 317. Texte donné d'après le Ms. 184 de la reine de Suède, mais avec les variantes d'un certain nombre d'autres.

5° SAUVAGEAU, *La Très ancienne Coustume de Bretaigne*, Nantes, 1710. L'Assise s'y trouve à la page 56 du recueil de Constitutions qui termine le volume avec une pagination spéciale. Sauvageau s'est servi, comme D. Lobineau, du manuscrit de la reine de Suède, et cependant il ne donne pas exactement le même texte que lui.

6° D. MORICE, *Histoire de Bretagne*, t. I, p. 116; *Preuves*, t. I, col. 705. Reproduction pure et simple du texte et des variantes données par D. Lobineau.

7° BRUSSEL, *Nouvel examen de l'usage général des fiefs*, liv. III, chap. XIII, t. II, p. 883, en note.

8° BOURDOT DE RICHEBOURG, *Coutumier général*, t. IV, p. 289. Texte emprunté à Hévin.

9° WARNKŒNIG et STEIN, *Franzœs. Staats-und Rechts-geschichte*, Basle, 1875, t. I, *Urkundenbuch*, p. 27. Texte communiqué par M. Giraud, et qui porte à tort la date de 1187.

C. — *Traductions françaises.*

9. — Il existait en Bretagne d'anciennes traductions françaises qui remontaient au moins au XIVe siècle. C'étaient elles qui couraient aux mains des praticiens, et non le texte latin qu'ils n'auraient pas compris (1). Hévin en avait reproduit quelques fragments isolés (2); D. Lobineau en a publié une tout entière (3), et D. Morice d'après lui (4). On en trouve encore quelques-unes dans les manuscrits (5). Toutes ces vieilles traductions sont fort défectueuses; on n'en peut guère tirer profit que pour un seul passage (6). Elles montrent du moins sous

(1) Hévin sur Frain, p. 527.

(2) Hévin, *Consultations*, p. 490 et 502; *Annotations sur Frain*, p. 539.

(3) D. Lobineau, *Histoire de Bretagne*, t. Ier, p. 169.

(4) D. Morice, *Histoire de Bretagne*, t. Ier, p. 117.

(5) Par exemple à la Bibliothèque nationale, Mss. fr. 14396 et 14397; à Rennes, Bibliothèque de la ville, Ms. 184 (ancien 72).

(6) Pour la traduction des mots *ad principalem dominum* par l'expression *chef seigneur*.

quelle forme on connaissait l'Assise au XIVe et au XVe siècle.

10. — D'Argentré, qui avait reconnu le mauvais état de la copie dont il se servait, s'est abstenu de la reproduire dans son *Advis sur le partage des nobles*, et a préféré traduire l'Assise en français. « Il a cru, dit Hévin, avoir rétabli le texte » par sa traduction, mais nonobstant ses soins, les vieilles » playes sont demeurées et souvent il a choisi la plus mau» vaise des lectures (1). » — Il a fait pis encore : il n'a pas toujours bien compris le latin qu'il traduisait.

11. — Depuis d'Argentré, l'Assise a eu à subir les outrages de plusieurs traductions nouvelles, entre autres celle d'Hévin (2), qui a été reproduite par Bourdot de Richebourg (3) et par M. de Blois (4), et celle de Sauvageau (5) qui est peut-être la plus consciencieuse. Malheureusement toutes sont déparées par de nombreux contre-sens, par des à peu près regrettables, et Hévin lui-même s'est rendu coupable, comme tous les autres, de la plus grossière erreur à propos du mot *maritagium* (6).

D. — *Commentaires.*

12. — 1° Bertrand d'Argentré. C'est lui qui, le premier, a essayé de fournir une explication complète de l'Assise. Il s'en est occupé deux fois. D'abord dans son *Advis et consultation sur les Partages des successions entre les nobles*, un de ses premiers ouvrages, publié en 1570 sans nom d'auteur. Il n'avait pas encore acquis, comme dit Hévin, toutes les lumières qu'il eut depuis. « On ne peut nier qu'il n'ait fait de » faux pas et qu'il ne se soit quelquefois égaré dans le che» min. Il est vray, pour luy faire justice, qu'il y a des en» droits où il est digne d'excuse pour n'avoir pas été aidé » d'une infinité de pièces d'histoire et monumens curieux, » qui n'ont été publiés qu'après sa mort (7). »

(1) Hévin, *Consultations*, p. 496.
(2) Hévin sur Frain, p. 518 et suiv.
(3) *Coutumier général*, t. IV, p. 289.
(4) Bulletin archéologique de l'Association Bretonne, 1852, t. IV, p. 186.
(5) *La Très ancienne coustume de Bretaigne, loc. cit.*, p. 57.
(6) Voir ci-dessous l'explication du *mariage* des filles, ch. III, § 2.
(7) Hévin, *Consultations*, p. 496.

D'Argentré revint plus tard sur le même sujet dans ses commentaires sur le titre *Des successions et partages* de la Coutume de Bretagne, mais il n'eut pas le temps d'y mettre la dernière main. La coutume fut réformée en 1577-80, et il abandonna un travail devenu sans objet pour se consacrer à son *Histoire de Bretagne*. Ses commentaires restés à l'état d'ébauche ont été publiés après sa mort dans l'édition de ses *Œuvres complètes*.

2° PIERRE HÉVIN, avocat au Parlement de Bretagne, né à Rennes en 1621 ou 1623 (1), mort le 15 novembre 1692.

C'était un jurisconsulte érudit, qui possédait une riche bibliothèque, fort au courant des antiquités et curiosités historiques de sa province (2), le meilleur, à coup sûr, parmi tous nos auteurs bretons. Si d'Argentré lui est supérieur par la vie et le mouvement qui animent tous ses ouvrages, par le caractère si personnel de son style, tout rempli d'images vives, de railleries mordantes, d'expressions trouvées, Hévin l'emporte de beaucoup par la solidité de son jugement, par l'étendue de sa science, et surtout par son esprit de critique. Il a joui de son vivant d'une réputation justement méritée. Aussi faut-il s'étonner que la postérité ne lui ait pas conservé une meilleure place dans ses souvenirs. J'ai pu m'assurer plus d'une fois qu'en dehors de la Bretagne Hévin était presque complètement ignoré (3).

(1) Jusqu'à ces dernières années la date de 1621, donnée par Sauvageau comme étant celle de la naissance d'Hévin, avait été acceptée par tout le monde (Sauvageau, *Vie de M. Pierre Hévin*, dans son édition de la Coutume de Bretagne, Rennes, 1745, t. Ier, p. 9). Mais M. Saulnier a retrouvé récemment dans les registres de l'ancienne paroisse Saint-Jean, l'acte de baptême d'Hévin, qui est du 30 novembre 1623 (M. Saulnier, *Pierre Hévin et sa famille à Rennes*, dans le Bulletin de la Société archéologique d'Ille-et-Vilaine, t. XIV, p. 259). Comme cet acte n'indique pas le jour de la naissance, M. Saulnier en conclut que l'enfant était né le jour même où il fut baptisé. Il résulterait de là qu'Hévin serait entré au barreau à seize ans et demi (car il y débuta en 1640), ce qui serait d'une précocité invraisemblable. Aussi M. Saulnier soupçonne-t-il Sauvageau de s'être une seconde fois trompé pour cette dernière date, mais elle ne saurait être mise en doute; Hévin lui-même nous la donne dans ses ouvrages (*Annotations sur les Arrests de Frain*, p. 565.)

(2) Ses notes manuscrites, aux archives d'Ille-et-Vilaine, le montrent mieux encore que ses livres.

(3) On lira avec intérêt les curieux documents inédits publiés par M. Ar-

On trouve dans ses *Consultations* et dans ses *Questions féodales* de nombreux passages relatifs à l'Assise de Geffroi, et au milieu de ces fragments disséminés, deux grandes dissertations : l'une remplit ses *Consultations* CVI et CVII, ainsi que les mémoires à l'appui (1); l'autre est une *Annotation* très développée sur le Plaidoyer XCVIII de Frain (2). On peut encore signaler la XIe *Consultation sur la Coutume*, à la suite de ses *Questions féodales* (3). Ces travaux sur l'Assise constituent les principaux titres d'honneur d'Hévin. C'est là qu'il a déployé toutes les ressources de son érudition, et quoique ses opinions soient quelquefois suspectes, c'est encore la mine la plus riche qu'on rencontre en explorant cet aride et difficile terrain (4).

3° DAGUESSEAU. Ce sont ses relations avec le prince de la Trémouille, possesseur de la baronnie de Vitré, qui lui fournirent, selon M. de Blois, l'occasion d'étudier le sens de l'Assise. Il écrivit à ce sujet un long *Mémoire*, publié dans ses *Œuvres complètes*, t. V, p. 499 et suiv., édition de 1767. Malheureusement, la plus grande partie de sa dissertation roule sur l'ordonnance de Jean II, c'est-à-dire sur un texte apocryphe, dont le véritable caractère est aujourd'hui reconnu.

4° M. AYMAR DE BLOIS, *Étude historique sur le droit de succession en Bretagne* (Bulletin archéologique de l'Association Bretonne, 1852, t. IV, p. 173). Cette étude, dont le sujet est d'ailleurs beaucoup plus vaste, ne contient que quelques pages sur l'Assise et, sauf quelques détails nouveaux, elle n'est

thur de la Borderie, comme une sorte de *contribution* à la Biographie d'Hévin (Bulletin de la société archéologique d'Ille-et-Vilaine, t. XV, p. 127). Hévin avait voué un tel culte à Louis XIV, « le plus grand empereur du monde, » qu'en 1689, il érigea à l'entrée de sa maison une sorte d'autel en l'honneur du roi, avec des peintures et inscriptions qui existent encore; le buste royal seul a disparu. L'enthousiasme d'Hévin se doublait d'un sentiment de reconnaissance : le vaste terrain sur lequel était construit son magnifique hôtel lui avait été donné par le roi.

(1) *Consultations*, p. 488 et suiv.

(2) Hévin sur Frain, p. 507.

(3) *Questions féodales*, p. 394.

(4) Ce n'était pourtant qu'une ébauche de ce qu'il projetait. Il nous parle d'un « Commentaire plus exact de cette fameuse loy, que je propose de donner en l'honneur de l'Illustre Noblesse de cette province, si Dieu me continuë la vie » (Sur Frain, p. 509).

guère qu'un résumé des opinions soutenues antérieurement par Hévin et surtout par Daguesseau, dont l'auteur suit plus volontiers le sentiment.

5° M. F. LAFERRIÈRE, *Histoire du droit français*, t. V, p. 587 et suiv. L'auteur s'est borné à résumer, dans une demi-douzaine de pages, les idées d'Hévin. Quoiqu'il y ajoute diverses considérations générales, cela ne constitue pas un commentaire de l'Assise. M. Laferrière s'est exagéré les effets sociaux du régime successoral de la Bretagne. Pour lui, l'aristocratie territoriale était réduite aux grandes possessions en petit nombre qu'avait protégées l'Assise de Geffroi. Les trois quarts de la province, c'est-à-dire toutes les terres productives d'impôts et de revenus, n'étaient plus que des tenures roturières; la noblesse qui figurait aux États était très nombreuse, mais très pauvre. Cette noblesse « avide et parasite » faisait peser sur la province, plus que sur toutes les autres, « le poids de la servitude féodale, » et c'est ainsi que l'auteur explique l'initiative des députés de la Bretagne dans la nuit du 4 août 1789. On sait que ce fut un Breton, Kérangal, qui, par le tableau des oppressions seigneuriales, provoqua l'explosion d'enthousiasme et les sacrifices qui marquèrent cette nuit célèbre. Il y a dans tout cela beaucoup d'illusion : quand la Révolution éclata, il y avait des siècles que la petite noblesse bretonne n'était plus soumise au régime de l'Assise.

6° M. PAUL VIOLLET (*Établissements de Saint Louis*, t. Ier, p. 287 et suiv.; t. III, p. 189 et suiv.). M. Viollet a contribué pour une large part à l'éclaircissement de cette obscure matière en procédant franchement à un rapprochement des Coutumes angevines et bretonnes, mais il a omis la source vraie de notre Assise, le droit anglo-normand, et, comme Hévin, il lui attribue une origine angevine. Il a en outre signalé le premier la fausseté de l'ordonnance de Jean II.

13. — En dehors de ces divers traités sur l'Assise, il existe beaucoup de matériaux épars, principalement dans la *Coutume de Bretagne*, publiée par Poullain du Parc, avec des notes nombreuses empruntées à d'Argentré et à Hévin. Je citera encore deux consultations des avocats de Rennes, l'une pour le partage de la baronnie de Pontchâteau, l'autre pour la baronnie de Châteaubriant (1) et divers articles du *Glossaire* de Ragueau, complété par Laurière, aux mots *Juveigneur*, *Aisneté*, etc., dans lesquels Laurière s'est inspiré en grande partie d'Hévin.

14. — M. Giraud a publié en 1843, dans la Revue dirigée par M. Wolowski, deux études de droit breton qui ne contiennent rien sur l'Assise de Geffroi. Elles sont, du reste, inachevées, car la dernière annonce une suite qui n'a jamais paru.

CHAPITRE PREMIER.

Renseignements généraux sur Geffroi et sur l'Assise. Textes analogues.

SOMMAIRE.

15. Ce qu'était Geffroi; son règne n'est qu'un accident dans l'histoire de la Bretagne.

16. Changement considérable qui s'opère alors dans le développement historique de cette province.

17. Origine anglaise de l'Assise.

18. Elle a été facilement acceptée en Bretagne.

19. Quel a été son but; service militaire; conservation des grandes familles.

20. Pourquoi elle n'a pas prohibé le démembrement des fiefs entre-vifs.

21. Caractère contractuel de l'Assise.

22. La *jurée* de l'Assise; elle est remplacée par l'*usement*.

23. État antérieur du droit en Bretagne, exemples d'individuité avant l'Assise.

24. L'indivisibilité des fiefs en dehors de la Bretagne; indication des textes.

25. Ordonnances de Champagne.

26. Tentative de Louis le Débonnaire pour établir le droit d'aînesse dans la succession au Trône.

15. — Geffroi était un Plantagenet, fils du roi d'Angleterre Henri II, et frère de Richard Cœur-de-Lion et de Jean sans Terre. C'était donc un étranger pour la Bretagne, et s'il y a

(1) *Arrests du Parlement de Bretagne*, par Séb. Frain, 1re édition, *in fine*.

régné, c'a été grâce à la puissance et à l'habileté de son père. Celui-ci, intervenant dans les querelles des chefs bretons, assura le succès de l'un d'eux, Conan le Petit, le fit possesseur de tout le pays, mais lui imposa ses conditions. Il voulut d'abord que la fille unique de Conan, Constance, seule héritière de la Bretagne, fût fiancée à son jeune fils Geffroi, « combien qu'il ne fut nay que d'un mois, » dit d'Argentré (1). Peu après il força Conan à abandonner le pouvoir et se trouva ainsi, pendant la longue minorité de son fils, le véritable maître de la Bretagne. Ce ne fut qu'en 1182 que le mariage de Geffroi put être célébré et que celui-ci fut mis réellement à la tête de son duché (2). Il mourut de bonne heure, en 1186, à Paris, des suites d'une chute dans un tournoi, où il fut foulé aux pieds des chevaux. Philippe-Auguste, qui convoitait déjà la Bretagne et choyait fort le jeune duc, se montra inconsolable de sa mort et le fit enterrer sous le chevet de Notre-Dame. — Sa veuve Constance était enceinte de trois mois; mais son fils posthume Artur fut assassiné par Jean-sans-Terre avant d'avoir pris en main le gouvernement, si bien que Geffroi se trouve être le seul Plantagenet qui ait possédé le duché.

16. — Le règne de Geffroi fut donc un accident passager, un simple épisode dans la vie si agitée de la province; il marque cependant entre l'établissement des Bretons insulaires (3) et la réunion à la couronne, l'époque capitale de son histoire.

(1) *Histoire de Bretagne*, liv. LIII. — Ceci se passait de 1151 à 1158 (D. Lobineau, *Histoire de Bretagne*, t. Ier, p. 154-155).

(2) D. Lobineau, t. Ier, p. 166.

(3) On s'imagine volontiers que si la Bretagne est encore un pays celtique, c'est qu'elle a résisté victorieusement à l'influence romaine, et que, seule dans les Gaules, pendant que les autres provinces se latinisaient plus ou moins, elle a su garder ses mœurs et sa langue. Son état d'isolement à l'extrémité du pays rend l'hypothèse toute naturelle. Que de comparaisons n'a-t-on point faites entre l'entêtement proverbial de ses habitants et la solidité de son granit où vient se briser tout l'effort de l'Océan! La vérité est que le territoire qui fut plus tard la Bretagne, et qui comprenait alors les cinq cités des *Redones*, des *Namnetes*, des *Veneti*, des *Curiosoliti* et des *Osismii*, fut conquis par César et assimilé ensuite comme le reste des Gaules. — C'est à une époque bien plus récente, au ve et au vie siècles, qu'eurent lieu les émigrations des Bretons insulaires, qui, chassés de leur pays par les Saxons,

En s'emparant de la Bretagne, les Plantagenets mirent fin à la période de sa véritable indépendance.

Jusque-là les Bretons n'avaient guère obéi qu'à leurs chefs nationaux, les *tyerns* des paroisses, et au-dessus d'eux, quelques petits princes ou roitelets, toujours en guerre les uns contre les autres, et dont l'histoire est remplie de confusion et de légendes. Sauf les conquêtes éphémères des empereurs francs (1), ils avaient toujours vécu indépendants et isolés.

A partir de Geffroi, le gouvernement passa à des princes d'origine étrangère. Si les Plantagenets n'ont point réussi à y fonder une dynastie, les Capétiens leur succédèrent. En 1213, le mariage d'Alix, fille de Geffroi, avec Pierre de Dreux, fit passer le duché dans la maison de France (2), et ses descendants le conservèrent jusqu'au jour où Charles VIII, en épousant Anne de Bretagne, le réunit à la couronne (1491). Cette famille Capétienne, qui va de Pierre Mauclerc à François II, forme à elle seule toute la série des véritables ducs de Bretagne.

On le voit : avec l'arrivée des Plantagenets s'ouvre l'époque de transition entre l'état primitif d'autonomie complète et l'absorption finale dans le royaume de France. Au lieu d'être un petit monde turbulent et fermé, étranger dans sa demi-anarchie à tout ce qui se passait hors de lui, la Bretagne prit sa place dans le système féodal. Elle ne fut plus guère qu'un champ de bataille où se rencontraient ses deux puissants voisins, les rois de France et d'Angleterre, et se trouva

vinrent s'établir dans les solitudes de l'Armorique. Ces nouveaux venus restituèrent au pays la physionomie celtique que cinq siècles d'administration romaine lui avaient fait perdre. Ils effacèrent sous des groupements nouveaux les anciennes divisions territoriales des cités, et formèrent le noyau du futur duché. Celui-ci se constitua plus tard par l'annexion des comtés de Rennes et de Nantes, et se trouva ainsi divisé en deux moitiés, l'une bretonne, l'autre franque, qui s'appelèrent pendant longtemps *Romania* et *Britannia*. Sur tous ces faits lire l'*Émigration bretonne en Armorique,* thèse soutenue à la Faculté des lettres de Paris, par M. Loth, professeur de langue et de littérature celtiques à la Faculté des lettres de Rennes.

(1) Elles commencent par une expédition heureuse de Pépin le Bref en 753. La plus durable fut celle du comte Guy, en 799. Les révoltes étaient fréquentes, et l'affranchissement définitif date de la victoire remportée à Ballon par Noménoé sur Charles le Chauve, en 845.

(2) Pierre de Dreux descendait de Louis le Gros.

réduite à une politique d'oscillation, s'appuyant tour à tour sur l'un et sur l'autre. Dès lors aussi sa transformation commença. « Son caractère celtique alla s'atténuant tous les jours ; ses institutions ne subsistèrent plus que dans les classes populaires ; sa noblesse fut absorbée dans le régime féodal (1). »

Il importait de bien mettre en lumière ce point de l'histoire locale : le caractère particulier du règne de Geffroi, si court, et pourtant si décisif par le changement d'orientation qui se produit alors dans le développement historique de la province. On comprendra mieux maintenant la portée de son Assise.

17. — L'Assise de Geffroi est certainement une réforme d'importation anglaise. L'influence directrice à cette époque est moins celle de Geffroi, qui n'était qu'un enfant, que celle de son père Henri II et de ses conseillers. C'est au retour d'un voyage en Angleterre, à un moment où il venait de se réconcilier avec son père (2), que Geffroi réunit à Rennes ses barons et leur fit adopter les dispositions de l'Assise. L'imitation n'est donc pas douteuse. Hévin l'avait déjà soupçonnée. « Comme c'est l'ordinaire que les souverains insinuent autant qu'ils peuvent dans leurs nouvelles provinces les loix originaires de leur pays natal, l'Assise est un droit emprunté par Geffroi des provinces patrimoniales du roi son père (3). » — Mais ce n'était chez lui qu'une conjecture ; il manquait de preuves, et se contentait de faire observer avec quelle rigueur les Plantagenets exigeaient le service militaire dans leurs possessions : or le régime d'indivisibilité organisé par Geffroi

(1) Henri Martin, *Histoire de France*, 2e partie, *France féodale*, livre XXII (édition Furne, 1865, t. III, p. 481).

(2) Les fils de Henri II furent en lutte continuelle avec lui, et moururent tous de mort violente. Tant de dissensions, de meurtres et de malheurs apparurent aux contemporains comme le châtiment du meurtre de Thomas Becket. « Nous venons du diable et nous retournerons au diable, » disait Richard Cœur-de-Lion. Les Plantagenets passaient en effet pour descendre d'une sorcière (Bromton, *Historiens des Gaules*, t. XIII, p. 215). Qu'on relise les pages que Michelet leur a consacrées, et sa comparaison entre le roi d'Angleterre et le roi de France ; entre « le roi du diable et le roi de Dieu » (*Histoire de France*, t. II, p. 378-391).

(3) *Consultations*, p. 497. — On voit par ce passage qu'Hévin s'imagine que l'emprunt est fait à l'Anjou. Il songeait, en effet, aux Coutumes angevines connues sous le nom d'Établissements de saint Louis. L'origine de l'Assise est plutôt anglo-normande qu'angevine.

n'avait pas d'autre but que d'assurer ce service. — Nous pouvons aujourd'hui nous appuyer sur des textes précis, un court fragment des lois de Henri Ier : « *Primo patris feudum primogenitus habeat* (1), » et un passage de Glanville : « *Si plures reliquerit filios, si miles fuerit vel per militiam tenens, tunc secundum jus regni Anglie primogenitus filius patri succedit in totum, ita quod nullus fratrum suorum partem inde de jure tenere potest* (2). »

18. — Qu'on se garde pourtant de croire que l'Assise ait été une réforme imposée arbitrairement; son long succès serait ainsi inexplicable. Elle fut acceptée d'autant plus facilement qu'elle correspondait aux besoins et aux idées du temps, et que le terrain était pour ainsi dire tout préparé d'avance, l'indivisibilité des terres n'étant pas tout à fait une nouveauté pour la Bretagne, comme je le montrerai bientôt. Il semble même, à lire son texte, que ce fut une réforme réclamée par les prélats et les barons bretons : *Petitioni episcoporum et baronum omnium Britanniæ satisfaciens*..... Les aînés des grandes familles la reçurent comme une concession en leur faveur : *Hanc igitur institutionem concessimus per totam terram suam permansuram*... La forme de cet acte et son caractère contractuel, sur lequel je reviendrai, en font une sorte de conjuration des aînés dans l'intérêt de leurs maisons. Tout contribue à éloigner l'idée d'une réforme introduite d'autorité en Bretagne par le souverain. Si Geffroi agissait sous l'influence des idées politiques de sa famille et dans un intérêt personnel, ses barons aussi trouvèrent leur avantage en adoptant le nouveau système de succession.

19. — Quel a été le but de l'Assise? D'après la vieille traduction dont Hévin nous a conservé quelques fragments, il s'agissait simplement d'éviter des procès en réglementant les successions : « Comme plusieurs contens venissent en Bretagne entre frères sur départir leurs terres..... » — En réalité Geffroi et ses barons avaient d'autres soucis; leur but était tout politique (3). Quand ils établirent, suivant l'expression

(1) Houard, *Coutumes anglo-normandes*, t. Ier, p. 340. — Cf. Glasson, *Histoire du droit et des institutions de l'Angleterre*, t. II, p. 72 et s.

(2) Glanville, lib. 7, ch. 3.

(3) Le préambule de l'Assise le donne assez à entendre : « Quum super

ancienne, l'*individuité* des fiefs, quand ils les rendirent *impartables*, ils voulaient d'abord assurer l'avenir du service militaire féodal. Du moins c'est cette préoccupation qui tient le premier rang dans les textes primitifs, toutes les fois qu'il y est question de l'indivisibilité des fiefs. Ceux qui l'accusent le plus clairement sont les Assises de Jérusalem : « Nul ne peut desmembrer fié par l'Assise ou usage dou reiaume de Jérusalem, se le fié ne deit servisse de plus d'une chevalerie (1), » et Pierre de Fontaines : « Ne me semble mie que fiez puisse estre partiz ne doie, dont chascune partie n'est sofisanz à servir (2). »

Nous possédons sur le service féodal en Bretagne un document intéressant, postérieur à l'Assise d'un siècle environ. C'est un *Rolle des Osts du Duc*, de 1294, conservé à la Chambre des comptes de Nantes, et publié par Le Baud, à la fin de son *Histoire de Bretagne*. D'après ce rôle, et en supposant qu'il soit complet, les chevaliers dus au Duc par les terres relevant de lui s'élevaient au nombre de 166 (3). C'était bien peu de chose, et il est clair que le Duc devait disposer en outre de troupes mercenaires et de milices fournies par les villes et les paroisses. Aussi est-il permis de se demander si le service militaire a été la préoccupation exclusive des auteurs de l'Assise. Peut-être les barons voulurent-ils éviter la ruine de leurs maisons par les partages. En tous cas des considérations de ce genre ne tardèrent pas à se substituer aux motifs purement militaires pour justifier le principe de l'individuité aux yeux de la Noblesse, et c'est sous cet aspect que l'Assise

terris inter fratres dividendis detrimentum terræ plurimum soleat evenire... » Ce langage est significatif : il ne s'agit pas de simples intérêts privés ; c'est le pays lui-même qui est menacé par les partages.

(1) *Livre de Jean d'Ibelin*, chap. 192.

(2) *Conseil à un ami*, chap. XXXIV, n° 8.

(3) Comparez le relevé des chevaliers du royaume de Jérusalem, dans le Livre de Jean d'Ibelin (chap. 271) ; il en compte 577. — On trouve dans l'édition des *Assises* de M. Beugnot d'autres renseignements sur le nombre des chevaliers à Chypre et dans la Morée (t. Ier, p. 427, en note). — Cf. Rôle de l'ost convoqué à Foix, en 1272, par le Roi de France (Brussel, t. Ier, p. 165). — D'après le *Domesday Book*, l'Angleterre comprenait 60,215 fiefs de chevalerie. — Cf. Glasson, *l. c.*, t. II, p. 17, p. 145 et suiv.

doit dès lors être envisagée (1). On sait quelle a été pour l'Italie la conséquence de la division des fiefs dans les partages, admise par les *Libri feudorum* (2). L'Assise a prévenu ce danger; ce fut son résultat, si ce ne fut pas son but. En forçant les familles nobles à conserver leurs domaines intacts, elle a empêché leur abaissement progressif et l'anéantissement de leurs richesses. La haute noblesse bretonne s'est attachée à ce principe qui faisait sa force; elle l'a maintenu tant qu'elle a pu, comme un de ses plus beaux privilèges, et ainsi s'expliquent à la fois la conservation des grandes familles de Bretagne et la longue durée de l'Assise de Geffroi.

20. — Il est remarquable, étant donnée la pensée qui inspirait l'Assise, que la prohibition de partager les fiefs n'ait été établie que pour les successions, car ce n'est pas seulement dans les partages entre héritiers qu'une terre peut se démembrer; cela peut se faire tout aussi bien entre-vifs par voie d'aliénation partielle.

Ces démembrements entre-vifs se faisaient de deux manières : tantôt par simple division, ou, comme on disait, par *dépié* de fief, la portion aliénée se trouvant placée sous la mouvance du même fief que le reste de la terre démembrée; tantôt par *subinféodation* ou *sous-afféagement*, le vassal qui démembrait son fief se réservant la mouvance de cette partie, laquelle passait ainsi à l'état d'*arrière-fief*. Ces démembrements entre-vifs, par dépié ou par sous-inféodation, ont donné lieu à bien des difficultés dans la plupart des provinces de France et même en Angleterre. Pour Merlin, ce sont « les parties les plus épineuses de la jurisprudence féodale (3). » Guyot les appelle « un labyrinthe inextricable, une mer immense, *æquor vastum*, qui fait reculer en arrière tous ceux qui veulent s'y embarquer (4). »

En Bretagne, toutes ces difficultés étaient inconnues. La subtile théorie du Jeu de fief n'a été inventée que pour éluder

(1) Sur cette substitution lente de l'esprit nobiliaire à l'esprit féodal, voy. Laboulaye, *Condition civile et politique des femmes,* liv. IV, sect. 1re, p. 208 et suiv.

(2) Secrétan, *Essai sur la féodalité*, p. 177, note 1.

(3) *Répertoire de jurisprudence*, vo *Démembrement de fief.*

(4) *Institutes féodales*, chap. XIII.

les prohibitions de démembrer; or, le mot de Jeu de fief n'a jamais été prononcé par les Arrêts, ni par les écrivains bretons. Le sous-afféagement constitutif des arrière-fiefs (1) n'y était pas pratiqué. Tous ceux qui se sont occupés du passé du Duché sont à peu près d'accord pour reconnaître que les inféodations n'ont eu pour ainsi dire aucune part à la formation des seigneuries de Bretagne, qui presque toutes étaient des démembrements par partage (2).

Cela nous explique pourquoi l'Assise qui défend si sévèrement les partages entre héritiers, n'a pas même parlé des démembrements entre-vifs. Elle n'avait pas à s'en préoccuper, et à aucune époque on n'a songé à interdire en Bretagne un usage qui n'existait pas.

Cela nous explique en outre pourquoi la Bretagne, cette terre sainte des idées nobiliaires, n'admettait pas les substitutions. La coutume, à vrai dire, n'en portait nulle part la prohibition expresse, mais l'usage les condamnait (3).

L'antithèse que je viens d'établir entre la Bretagne et les autres pays féodaux s'accuse encore par la lecture d'un document d'origine étrangère, presque contemporain de l'Assise (1136). L'empereur Lothaire s'y plaint de voir les forces de l'Empire considérablement affaiblies, parce que les hommes de guerre, *milites*, vendent leurs fiefs par morceaux (*passim distrahere*) et ne peuvent plus suffire aux frais des expéditions militaires : « Per multas interpellationes ad nos factas didicimus milites beneficia sua passim distrahere, ac ita om-

(1) Le sous-afféagement était bien connu en Bretagne, mais seulement à titre de censive. « Voulons et ordonnons que dorénavant chacun qui aura domaine noble, quiconque il soit, le pourra bailler par héritage et en faire son fief à le tenir de lui roturièrement, et en retenir à soi l'obéissance » (Ordonnance de Jean V, 1420, art. 19, dans D. Morice, *Preuves*, t. II, col. 1053). — Cf. le chapitre 262 T. A. C., l'art. 344 A. C., et l'art. 358 N. C., qui ne prévoient que l'afféagement à prix compétent et moyennant une rente, c'est-à-dire la constitution d'une censive. — Les mots *fief* et *féage* s'employaient indifféremment en Bretagne pour les terres roturières et pour les terres nobles.

(2) M. de Blois, *Bulletin archéologique de l'Association Bretonne*, 1852, t. IV, p. 184.

(3) Hévin, *Consultations*, p. 179 et 248; Journal du Parlement, t. III, ch. 158; Acte de Notoriété du 19 juin 1751; Poullain du Parc, *Principes*, t. IV, p. 6.

nibus exhaustis seniorum suorum servitia subterfugere; per quod vires imperii maxime attenuatas esse cognovimus, dum proceres nostri milites suos omnibus beneficiis exutos, ad felicem nostri nominis expeditionem minime transducere valeant (1)... »

21. — J'ai déjà signalé le caractère contractuel de l'Assise. Ce n'est point une disposition législative, comme on le croyait autrefois en Bretagne, alors qu'on jugeait ces vieux textes d'après les ordonnances royales. Geffroi n'aurait pu procéder de la sorte, ni *mettre bans* sur les terres de ses barons, chacun d'eux étant souverain en sa baronnie (2). L'Assise est un *pacte*. Le comte Geffroi et ses barons ont délibéré, et se sont entendus dans leur intérêt commun, comme s'il s'était agi d'une affaire politique. Ils ont même donné à leur accord, pour le mieux sceller, l'autorité de leur foi religieuse en se prêtant mutuellement serment. Le serment était alors, à peu près ce qu'avait été la stipulation solennelle du vieux droit romain, la forme universelle qui servait pour tous les contrats (3).

Cette forme contractuelle de l'Assise se retrouve à cette époque dans beaucoup de monuments du même genre. Je citerai seulement l'Assise de 1259, sur les *Plédéours* ou avocats (4), et celle de 1275, sur la *Mutation du bail en rachat* (5). Toutes les deux appartiennent à Jean le Roux. Ce que le duc de Bretagne faisait avec ses vassaux, le roi de France le faisait avec les siens (6).

A ce point de vue, les Assises et Ordonnances des Ducs de Bretagne sont au nombre des monuments les plus intéressants pour l'étude du pouvoir législatif au moyen-âge.

22. — L'Assise se termine par une disposition qui a con-

(1) Canciani, t. Ier, p. 238; Pertz, *Leges*, t. II, p. 84.

(2) Beaumanoir, *Coutumes de Beauvoisis*, chap. XXXIV, n° 41. — Le privilège des baronnies à cet égard n'est pas autre chose que l'ancienne immunité de l'époque franque.

(3) Les *Preuves* publiées par les bénédictins D. Morice et D. Lobineau en fournissent d'innombrables exemples.

(4) D. Morice, *Preuves*, t. Ier, col. 971.

(5) D. Morice, *ibid.*, col. 1037; Hévin sur Frain, p. 550.

(6) Voyez la convention de 1210 entre Philippe-Auguste et un certain nombre de ducs et de comtes (Isambert, t. Ier, p. 203).

tribué plus que tout autre à augmenter l'obscurité de la matière. Il y est question d'un serment qui doit être prêté par les aînés et les puînés : « Decrevimus etiam necessarium ut et majores natu et minores eam jurarent tenendam (1). » C'était évidemment dans chaque famille que cette *jurée* de l'Assise devait avoir lieu, et probablement au moment même du partage (2). J'estime en outre que, dans la pensée des auteurs de l'Assise, ce serment devait se renouveler à chaque génération (3). C'est une vieille idée, bien oubliée depuis, mais qui dominait alors toutes les conventions publiques ou privées, que celui qui s'oblige n'oblige que lui-même et non ses héritiers. M. Esmein l'a remise en lumière (4). J'en citerai un exemple emprunté à la Bretagne. Pierre Mauclerc avait dispensé du droit de bail qu'il prétendait avoir sur elles les seigneuries de Vitré, de Combourg et d'Acigné; mais, quoiqu'il eût donné des gages, rien n'assurait que son fils tiendrait cet engagement. Il fallait que celui-ci devenu majeur jurât à son tour de respecter la promesse faite par son père : *tenere pacem istam juraret* (5). Ce qu'il fit en 1237.

Prévoyant le cas où les puînés refuseraient de se soumettre à l'Assise par serment, les barons autorisent l'aîné à leur refuser tout partage : « *Quod si nollent jurare, amplius nec in terris nec in denariis partem essent habituri.* »

Du reste, cette jurée de l'Assise, dont parle encore la Très ancienne Coutume, dut disparaître de bonne heure. Dans un temps où tout était routine, où tout se réglait sur les précé-

(1) Il ne faut pas confondre ce serment demandé aux puînés dans chaque famille avec celui dont il vient d'être parlé, qui fut prêté par le Duc et ses barons assemblés et n'est autre chose que le pacte solennel qui constitue l'Assise; ceux qui le prêtèrent étaient tous aînés de famille.

(2) On voit un serment analogue, demandé à ceux qui doivent observer la loi nouvelle, dans l'Ordonnance de saint Louis, de 1228, contre les hérétiques : « Hæc statuta inviolabiliter observari jubemus, mandantes quod barones et vassali et bone ville jurent ista servare... »

(3) La Très ancienne Coutume le suppose : « Au cas que l'aîné et les juveigneurs ne voudraient jurer l'Assise au comte Geffroi » (chap. 209).

(4) *Études sur les contrats dans le très ancien droit français*, p. 179-181.

(5) D. Morice, *Preuves*, t. Ier, col. 904. — On voit, à la suite de la charte d'exemption accordée par Pierre Mauclerc, la confirmation faite plus tard par son fils, Jean le Roux.

dents, le fait d'avoir partagé un certain nombre de fois selon l'Assise, dut rendre désormais obligatoire pour une famille ce mode de partage, et à l'inverse, celles qui y restèrent étrangères pendant un temps se trouvèrent définitivement exclues du partage selon l'Assise. Cette hypothèse est directement confirmée par les faits. On verra que le partage selon l'Assise s'applique uniquement aux terres qui se sont gouvernées et ont été partagées noblement. Tout dépend de l'usement du fief. La Très ancienne Coutume elle-même, tout en rappelant la jurée de l'Assise, parce qu'elle en copiait probablement le texte, a bien soin de dire qu'il s'agit de fiefs se gouvernant selon l'Assise, et de barons ou de chevaliers « qui noblement se sont gouvernés, eux et leurs prédécesseurs, ès temps passés » (chap. 209).

23. — Dans quelle mesure l'Assise de Geffroi constituait-elle une innovation pour la Bretagne? Quel était l'état antérieur du droit? D'Argentré pensait qu'il y avait eu changement radical, et qu'avant Geffroi les enfants partageaient également, même entre nobles (1). C'est aussi ce que croit M. de Blois, qui raisonne par analogie avec les coutumes galloises, et en supposant que les Bretons arrivés en Armorique avaient conservé les lois successorales de leur pays d'origine (2).

M. de Blois raconte que la seigneurie de Léon fut partagée en 1179 entre les enfants de Guyomarch, et que d'autres faits du même genre se produisirent vers la même époque, ce qui éveilla l'attention du duc et de ses barons, et donna lieu à l'Assise (3). Je ne sais quels sont ces « autres faits » dont

(1) « Auparavant l'Assise du comte Geffroi, les partages de tous nobles étaient égaux, selon la forme du droit civil, c'est ce qu'on dit en Bretagne teste à teste, sans aucune préférence..... » (*Partage des Nobles*, 1re proposition).

(2) *Étude sur les successions bretonnes*, Bulletin archéologique de l'Association Bretonne, 1852, t. IV. — Ces lois ne nous sont connues que par une rédaction bien postérieure. Elles ne remontent pas dans leur état actuel au delà du xe siècle, mais il est très légitime d'admettre qu'elles ont conservé la trace d'un état de choses plus ancien. — Le Cartulaire de Redon nous présente le droit breton dans son état primitif, semblable encore aux coutumes galloises.

(3) Bulletin archéologique de l'Association Bretonne, t. IV, 1852, p. 184.

parle M. de Blois, et qu'il n'indique pas. Pour le partage de Léon, je l'ai inutilement cherché dans les *Histoires* de D. Lobineau et de D. Morice et dans leurs *Preuves*. Ils nous apprennent seulement que Guyomarch fut vaincu et dépossédé par Geffroi en 1179 et mourut la même année, et qu'après sa mort le Duc restitua le comté à ses enfants, sauf la ville de Morlaix, dont les ducs de Bretagne ont toujours joui depuis (1).

Seul Hévin a soutenu que l'indivisibilité des terres était antérieure à l'Assise : « Les histoires particulières des maisons de Rohan, de Vitré, de Dol, de Penthièvre, d'Avaugour, de Raiz, de Léon, de Châteaugiron et autres, montrent manifestement que ces grandes seigneuries passaient d'aîné en aîné et n'étaient pas démembrées tête à tête et sans prérogative (2). » A l'appui de son opinion, Hévin rapporte deux titres, tirés du cartulaire de l'abbaye de Saint-Pierre de Rillé, près Fougères, et dont le plus récent date de 1163, vingt-deux ans avant l'Assise (3). Ce sont des partages de la maison de Fougères ; ils nous montrent les aînés succédant seuls à leur père, et l'intégrité de la seigneurie conservée, les puînés ne recevant qu'un apanage. D'autres exemples lui sont fournis par l'*Histoire de la Maison de Vitré*, que Pierre le Baud avait composée, et qui nous fait voir l'individuité des seigneuries respectée bien avant l'Assise (4).

Il est donc établi qu'il y avait déjà eu en Bretagne des exemples de transmission d'une seigneurie entière au profit de l'aîné, et que l'indivisibilité des terres n'était point pour elle une nouveauté. Mais il est non moins évident que ce n'était pas encore un usage général, car l'Assise apportait un changement. Son texte lui-même nous en prévient : on partageait les terres entre frères au grand détriment du pays, et il est entendu que ces partages n'auront plus lieu désormais, *quod ulterius divisiones non fierent*. Les exemples rapportés par Hévin indiquent simplement une tendance nouvelle qui se

(1) D. Morice, *Histoire de Bretagne*, t. Ier, p. 114.
(2) Hévin, *Consultations*, p. 43.
(3) Hévin sur Frain, p. 521-522.
(4) Hévin sur Frain, p. 510.

manifestait déjà dans les grandes familles et dont l'Assise se borna à consacrer et à généraliser l'usage.

24. — Ce système d'indivisibilité des fiefs, que nous venons de voir introduit en Bretagne par l'Assise, a existé dans plusieurs autres provinces, qui forment une bande ininterrompue allant de l'ouest au nord, depuis la Charente jusqu'aux Flandres. Il semble même avoir été le droit commun dans le régime féodal français (1). C'est ainsi que Bouteiller l'admet dans sa *Somme rural*, qui a au plus haut degré le caractère d'une œuvre de généralisation (2). C'est ainsi encore qu'en Sicile on appelait fiefs *à la française*, *jure francorum*, ceux qui ne se partageaient pas dans les successions (3).

Il est bien probable que pour toutes les provinces qui la pratiquèrent, l'indivisibilité des terres fut, comme pour la Bretagne, une imitation du droit anglais; la plupart d'entre elles appartenaient aux Plantagenets. Pour la Normandie spécialement nous pouvons affirmer l'existence d'une Assise ou *Constitutio*, analogue à celle de Geffroi, et ayant pour objet d'y introduire le même principe. Il en est question dans un passage, resté jusqu'ici inaperçu, du *Très ancien Coutumier normand* : « .... *feodum lorice, vel dimidium quod partitum fuerit ante hanc constitutionem... quod partiri non potest* (4) ; » passage ainsi traduit dans l'ancienne traduction française publiée par Marnier : « .... 1 seul fié de hauberc ou la moitié

(1) Il est cependant remarquable que la Coutume de Paris et les textes plus anciens d'où elle est dérivée, n'y font jamais allusion. On n'en trouve pas de traces dans Beaumanoir, ni dans le Grand Coutumier, ni dans les Coutumes notoires du Châtelet, ni dans Jean des Mares. Du reste, c'est la Coutume de Paris qui a le plus contribué à amoindrir le droit d'aînesse et à améliorer la condition des puînés. Dumoulin trouvait odieuses les prérogatives que certaines coutumes accordaient à l'aîné.

(2) *Somme rural*, Du droit au baron (édition de 1621, p. 899). Bouteiller restreint l'indivisibilité aux baronnies, mais on le faisait déjà de son temps à peu près partout, sauf en Normandie, en Bretagne et en Anjou.

(3) Brodeau, *Commentaire sur la Coutume de Paris*, art. XIII, n° 13; Hévin, *Annotations* sur Frain, p. 514-519; Daguesseau, *Mémoire sur l'Assise*, dans ses Œuvres complètes, t. V, p. 501 et suiv. (édition de 1767); Glasson, *Histoire du droit et des institutions de l'Angleterre*, t. II, p. 200, en note.

(4) *Très ancien Coutumier de Normandie*, cap. VIII, n° 4. Cette partie du Très ancien Coutumier est postérieure de 14 ans environ, d'après M. Tardif, à l'Assise de Geffroi.

d'un fieu qui fust partiz ains que cist establissement fust fez qui ne puet estre partiz... (1). » Mais cette *constitutio* normande ne nous est pas parvenue.

Voici maintenant l'indication des provinces où l'indivisibilité des terres a été admise comme en Bretagne :

La Normandie (2);

L'Anjou, le Maine et la Touraine (3);

Le Poitou (4);

L'Orléanais (5);

La Picardie (6), avec le Vermandois (7) et le Ponthieu (8);

L'Artois (9).

Enfin, à l'étranger, des institutions dérivées des nôtres, celles du royaume de Jérusalem (10), et celles de Sicile (11),

(1) Marnier, *Établissements et coutumes*, *Assises et arrêts de l'échiquier de Normandie*, p. 10.

(2) Très ancien Coutumier de Normandie (édit. Joseph Tardif), chap. VIII et LXXXIII; Grand Coutumier, chap. XXVI; Coutume de 1583, art. 336.

(3) Coutumes de Touraine-Anjou (édit. Beautemps-Beaupré) : Coutumes du XIIIe siècle, §§ 1-18; *Compilatio de usibus Andegaviæ*, nos 63, 69; Coutume glosée de 1411, nos 153 et suiv. — Cf. *Établissements de saint Louis* (édit. Viollet), liv. Ier, chap. XXVI. — Dans les coutumes du XVIe siècle, l'Anjou et le Maine ont seuls conservé le système primitif (Anjou, art. 222; Maine, art. 239). En Touraine, il ne subsiste plus que pour les baronnies (Cout. de Tours, art. 260, 261, 294; Lodunois, tit. XXVII, art. 4, 5; tit. XXVIII).

(4) *Livre des droicts*, no 426. — Il n'est plus question de l'indivisibilité dans les coutumes de 1514 et de 1559.

(5) *Jostice et Plet*, liv. XII, chap. XVI, § 6.

(6) Coutumier de Picardie du XIVe siècle, publié par Marnier, tit. LXXIII, no 63. — Ancienne Coutume d'Amiens de 1507, art. 39. La nouvelle coutume, de 1567, donne aux puînés un quint *héréditai* (art. 71).

(7) Pierre des Fontaines, *Conseil à un ami*, chap. XXXIV, art. 8 et 9; Coutumier de Vermandois du XVe siècle, publié par M. Beautemps-Beaupré, no 145.

(8) Coutume de Ponthieu, de 1495, art. 59.

(9) Coutumier d'Artois du XIIIe siècle, publié par M. Adolphe Tardif, ch. XI, no 13; chap. XXXVI, no 1. — L'indivisibilité avait disparu en Artois dès le XVe siècle, d'après le Coutumier de Vermandois ci-dessus cité, no 158.

(10) Livre de Jean d'Ibelin, chap. 148 et suiv.; chap. 192; Geoffroy le Tort, XVII; Philippe de Navarre, chap. LXXXI; La clef des Assises de la Haute-Cour, CXCVII (édit. Beugnot).

(11) Constitution *comitibus*, lib. III, tit. XIX; *ibid.*, tit. XXIV (Canciani, *Constitutiones regni Siciliæ*).

nous montrent encore des fiefs indivisibles, où l'on succède *à la française.*

Voilà une liste assez longue de textes français relatifs à l'indivisibilité des fiefs dans les successions, et quelques-uns d'entre eux sont fort importants; mais tous, même les plus vieux, sont plus récents que l'Assise de Geffroi, les *Établissements de saint Louis* de près d'un siècle; le *Très ancien Coutumier* de Normandie, d'une quinzaine d'années (1), et notre Assise bretonne reste le plus ancien de tous nos documents sur cette matière. Pour en trouver de plus vieux, il faut sortir de France (2).

25. — On a cru quelquefois trouver un règlement successoral analogue à celui de l'Assise dans deux documents appartenant à la Champagne, une ordonnance de la comtesse Blanche, de 1212, et une autre de son fils, Thibaut le Posthume, en 1224. La première a pour objet les partages de baronnies ou de châtellenies échues à des filles; la seconde s'occupe des mêmes partages entre enfants mâles. Elles ont été reproduites toutes les deux par Brussel (3), mais le *Cartulaire de Champagne* imprimé par Chantereau-Lefebvre ne contient que la seconde (4). Une vieille et fort exacte traduction de l'ordonnance de 1224 forme le chapitre premier d'une compilation publiée par Pithou sous ce titre : *Li droict et lis Coustumes de Champagne et de Brie que li Roys Thiebaulx establi,* et reproduite par Bourdot de Richebourg (5). L'analogie de ces textes avec l'Assise bretonne a été plusieurs fois

(1) D'après M. Joseph Tardif, le Très ancien Coutumier de Normandie aurait été rédigé en 1199 ou en 1200 (Coutumier de Normandie, 1re partie, p. LXXI et LXXII).

(2) Je ne connais à cet égard que les fragments des lois de Henri Ier d'Angleterre et le passage de Glanville déjà cités. — Quant aux Assises de Jérusalem, elles constatent peut-être un droit plus ancien que l'Assise de Geffroi, mais leur rédaction actuelle est au plus tôt du XIIIe siècle; peut-être même du XIVe pour le livre de Jean d'Ibelin (Viollet, *Précis d'histoire du droit*, p. 143 et s.).

(3) Brussel, *Usage général des fiefs*, p. 876 et 879.

(4) Chantereau-Lefebvre, *Origine des fiefs*, Preuves, p. 55.

(5) *Coutumier général*, t. IV, p. 209. Le chapitre premier seul appartient à Thibaut. Le reste se compose d'ordonnances des autres comtes de Champagne jusqu'en 1299.

signalée, par Hévin (1), par Brussel (2), par M. Viollet (3). La comtesse Blanche et son fils Thibault le Posthume s'occupent en effet des mêmes fiefs que Geffroi : les baronnies et les châtellenies, ces dernières étant pour la Champagne ce qu'étaient pour la Bretagne les chevaleries. Mais à part cela, il n'y a rien de commun dans les deux dispositions. Les ordonnances de Champagne règlent presque exclusivement le cas où plusieurs châteaux et maisons fortes se trouvent dans la succession et décident de quelle manière ils devront être distribués entre frères ou entre sœurs; l'Assise bretonne ne semble même pas avoir prévu cette hypothèse; elle parle toujours comme s'il n'y avait qu'une terre unique à partager. — D'autre part, tandis que notre Assise cherche à empêcher autant que possible le morcellement du fief paternel, les textes champenois admettent clairement le partage (4). Enfin l'égalité règne dans les partages de Champagne (5), à la différence des partages bretons, où l'aîné reçoit des avantages tels qu'il est impossible de lui donner plus, à moins de priver les puînés de tout droit héréditaire.

(1) « Le comte de Champagne y pourvut en son pays par une disposition qui a quelque conformité » (Hévin sur Frain, p. 517).

(2) « Ce document et le précédent ont beaucoup de rapport à l'Assise de Bretagne que l'on va donner » (p. 881, en note).

(3) *Établissements de saint Louis*, t. Ier, p. 124.

(4) Pour les filles, l'ordonnance de 1212 dit : « Primogenita filiarum habeat castellum; aliæ vero habeant planam terram. » — Pour les enfants mâles, il résulte également des articles 1 et 2 de l'ordonnance de 1224, qu'on se borne à donner à l'aîné le *castellum* avec ses mouvances, *feoda*, et ses dépendances immédiates, *carrucagia, prata et vineas, aquas et stagna quæ sunt infra parrochiatus istius castelli*. — Le reste de la terre, *alia terra*, est divisé entre les puînés.

(5) L'ordonnance de 1224, art. 2, supposant qu'il existe un seul château, attribué à l'aîné, ajoute : « *Redditus et exitus illius castelli erunt appretiati cum alia terra* (qui est la part des puînés) *et in omnibus istis habebit unus quantum habebit alius...* » — L'article 5, supposant qu'il y a deux frères et plusieurs châteaux, s'exprime ainsi : « *Redditus et proventus illorum castellorum et de hoc quod valebunt quisque eorum habebit medietatem.* » Il y a donc égalité entre frères en ce qui concerne les revenus de toute nature, *redditus et exitus ;* le seul avantage fait à l'aîné est la possession du *castellum* ou chef-manoir, ce qui constitua plus tard son préciput, tel qu'il est déterminé par l'article 14 de la Coutume de Troyes, dérivé de notre ordonnance de 1224.

26. — Il existe un document bien antérieur, qui est certainement la première apparition du droit d'aînesse en France, et qui aurait pu devenir sa véritable charte, s'il n'était pas resté lettre morte. C'est le partage projeté par Louis le Débonnaire entre ses trois fils, et réglé par un capitulaire de 817 (1). Tout y est savamment combiné pour conserver l'unité de l'empire entre les mains du fils aîné; on y trouve tous les éléments d'un régime analogue à celui qui s'établit plus tard pour les fiefs ordinaires, et plus sévère encore. Les puînés sont subordonnés à l'aîné et ne peuvent se marier sans son consentement (art. 13); s'ils viennent à mourir, leur *potestas* n'est pas divisée entre leurs enfants; elle appartient à l'un d'eux choisi par élection (art. 14); s'ils meurent sans enfants, leur part revient à l'aîné (art. 15); si l'un des puînés est encore mineur, l'aîné en a la garde (art. 16). — Louis le Débonnaire entreprenait de restaurer l'unité romaine et de la substituer aux partages barbares; mais son projet ne fut même pas appliqué. C'était, suivant les expressions de Lehuérou, « une haute mesure de gouvernement et de politique, » mais elle était « inspirée par un accident, la résurrection de l'Empire d'Occident, et par la crainte d'une prompte et inévitable dissolution. Or, il n'y avait rien dans tout cela que d'exceptionnel et de transitoire (2). » — Ce partage choquait les idées et les habitudes de ce temps, et il fut plus tard reproché comme un crime à Louis le Débonnaire dans l'assemblée d'évêques réunie à Compiègne en 833 pour le juger : *in divisionibus imperii ab eo contra communem pacem et totius imperii salutem ad libitum suum temere factis* (3).

(1) *Charta divisionis imperii*, ap. Baluze, t. Ier, p. 573; Walter, *Corpus juris germanici antiqui*, t. II, p. 309.

(2) *Institutions carolingiennes*, liv. I, chap. VII, pp. 115 et 116.

(3) Lehuérou, *ibid.*

CHAPITRE II.

Des successions qui se gouvernaient selon l'Assise.

SOMMAIRE.

27. L'Assise était loin d'être le régime commun de toutes les terres nobles
28. Elle indique seulement deux espèces de fiefs, les baronnies et les fiefs de chevaliers.
29. Ce qu'étaient les baronnies; anciennes baronnies de Bretagne; pourquoi on a voulu fixer leur nombre à neuf.
30. Les chevaleries.
31. Autres terres non mentionnées dans l'Assise.
32. Les sergenteries.
33. Distinction des grandes et des petites sergenteries.
34. Autre distinction : sergenteries féodées de Bretagne; fiefs d'écuyers.
35. Régime successoral de ces terres; absence de renseignements pour la Bretagne.
36. Terres nobles non soumises au régime de l'Assise; leur grand nombre au XVIe siècle; hypothèses sur leur origine.
37. Rôle de l'usement de fief; les terres d'Assise se reconnaissaient à la possession antérieure du gouvernement avantageux.
38. Erreurs de d'Argentré sur la qualité de chevalier et sur la succession des barons.
39. Les terres qui ne suivaient pas l'Assise se partageaient anciennement tête à tête.
40. Introduction d'un partage d'espèce moyenne pour les nobles; opinion de d'Argentré; supposition d'Hévin.

27. — Les textes anciens s'expriment toujours comme si le partage selon l'Assise avait été le régime de toutes les terres nobles.

L'Assise établissait l'impartabilité de la terre en réduisant les puînés à une simple provision. Or, cette impartabilité était devenue le trait distinctif des terres nobles (1). On considérait

(1) Un autre caractère s'ajoute ordinairement à l'impartabilité des terres nobles; c'est le bail ou garde : « L'en dict que l'héritage n'est pas partable en quoy aucune partie ne peut estre soufferte entre les frères..... en quoy la garde appartient au seigneur tant que les hoirs soient en age » (Grand Coutumier de Normandie, chap. XXVI). Mais le bail ayant été aboli en Bretagne d'assez bonne heure, et bien avant la rédaction de la Très ancienne Coutume, il est inutile d'en parler ici.

comme roturière toute terre qui se partageait, si bien que les deux expressions *fief roturier* et *fief partable* s'employaient comme synonymes. La Très ancienne Coutume nous en fournit des preuves convaincantes. D'après elle, les biens doivent être départis *le noble comme le noble, le partable comme le partable* (1). Tel était aussi le langage des arrêts lorsqu'ils ordonnaient un partage (2). — D'ailleurs, le chapitre 209, qui a pour titre : *Du partaige des enfants et des fiefs nobles,* qui est le siège de la matière et le seul article de la Coutume qui s'en soit occupé, ne nous fait connaître qu'une seule espèce de partage pour tous les nobles, et ce partage est celui de l'Assise.

Il n'y avait donc point d'autre partage noble que le *gouvernement selon l'Assise,* c'est-à-dire qu'il n'y avait point d'autre régime propre à la terre noble que l'individuité (3).

Il s'en faut pourtant de beaucoup que ce régime ait été appliqué à toutes les terres nobles de Bretagne. On va voir qu'un grand nombre d'entre elles y échappaient.

28. — L'Assise ne mentionne que deux espèces de terres, les baronnies et les fiefs de chevaliers, *in baroniis et feodis militum.*

Qu'était-ce que les uns et les autres ?

(1) Chapitre 209 T. A. C. — *Adde* les chapitres 214 et 215 qui parlent l'un du *fief partable,* l'autre de l'*héritage noble.*

(2) D'argentré sur 543 A. C. — Coutume de Bretagne, éditoin Poullain du Parc, t. III, p. 492.

(3) Tous les textes anciens confirment cette manière de voir. Le *Très ancien Coutumier* de Normandie distingue toujours avec soin les tenures nobles, *baronia, feodum lorice, serjanteria quæ ad dominaum ducis pertinet,* des tenures roturières, *vavassoria, laicum tenementum, burgencia;* ces dernières seules se partagent. Il en est de même dans le Grand Coustumier (chap. XXVI), et dans la Coutume de 1583 (articles 335 et suiv.). — « Par le Coustume d'Artois fiés ne se partist mie entre frères et suers aussi que fait terre rentavle » (*Coutumier d'Artois,* édition Ad. Tardif, tit. XXXVI, n° 1). — Par la coustume de Vermendois, l'aisné filz emporteroit tous les fiefz ou bailliage de Vermendois et tous les aultres puisnefz filz et filles n'y auroient que ung quinct à vie... » (*Coutumier de Vermendois,* édition Beautemps-Beaupré, n° 145). — « Et se les dicts puisnefz... ont leur part de moeubles et des terres non féodales » (*Ibid.,* n° 149). Le souvenir de cet état de choses primitif s'est toujours conservé en Normandie. « En Normandie, il y a héritage partable et héritage non partable » (Art. 335). — « Tous fiefs nobles sont impartables et individus... » (Art. 336). Voyez les commentaires de Basnage sur ces articles.

29. — *Les baronnies.* — C'étaient de grandes terres placées sous la mouvance directe du Duc (1) et qui comprenaient ordinairement plusieurs châteaux ou sièges de chevalerie (2).

D'après Hévin, qui pourrait bien avoir raison, les baronnies bretonnes se seraient formées par *éclipse* des anciens comtés, au moyen d'apanages donnés à des cadets (3). Ainsi le seigneur d'Avaugour était baron en sa qualité d'apanager du comté de Penthièvre.

Les barons avaient de beaux privilèges. Ils pouvaient entourer de murs le chef-lieu de leur baronnie, avoir une *ville close*, et non une simple maison forte comme les châtelains. Une des marques essentielles des baronnies était de posséder une abbaye ou une collégiale, comme les comtés possédaient une ville épiscopale (4). Les forêts étaient encore un des droits exclusifs des barons (5).

Quant à la haute-justice et au droit de « mettre bans et coustumes » en leur terre, c'étaient des droits que les chevaliers eux-mêmes partageaient avec eux (6).

Parmi les anciennes baronnies de Bretagne, on citait : *Avaugour*, une juveigneurie de Penthièvre ; *Léon ; Fougères*, qui passa à la maison d'Alençon et fut rachetée par les ducs

(1) En 1407, dans un procès entre le Duc et Olivier de Clisson, il fut jugé qu'Olivier était baron à cause de ses terres de Clisson, Blain, Hercé et autres qu'il tenait du Duc *baronément*, c'est-à-dire *sine medio*. Aux barons de l'époque féodale correspondent les *vassalli dominici*, les *vassi regales*, *in truste dominica* de l'époque franque.

(2) Les baronnies bretonnes ressemblent singulièrement aux baronnies anglaises. Voyez sur ces dernières, Glasson, *Histoire du droit et des institutions de l'Angleterre*, t. II, p. 173 et suiv. — Cf. Boutaric, *Institutions militaires*, p. 135.

(3) Hévin, *Quest. féod.*, p. 5.

(4) Hévin, *Quest. féod.*, p. 59.

(5) Coutume d'Anjou, Beautemps-Beaupré, t. IV, p. 153.

(6) Tous ces privilèges faisaient dire à d'Argentré que « la qualité de baron a toujours été éminente en Bretagne, et que ceux qui ont cru que la qualité de comte était au-dessus, n'ont pas connu les prérogatives des barons. » En effet, il n'y avait au-dessus d'eux que le duc : de comtes, il n'en existait point d'autres que le duc lui-même, qui du reste se contentait encore du titre de comte de Bretagne, comme en font foi tous les vieux documents et l'Assise elle-même. Plus tard, grâce à l'arbitraire des érections nouvelles, les idées se brouillèrent, et, la vanité aidant, l'état dernier des titres de terres se trouva en contradiction avec l'histoire.

en 1429; *Vitré; Dinan*, qui figure avec Vitré, Fougères, Léon et Rohan dans l'Assise de 1185; *Rohan*, une des plus illustres, érigée plus tard en duché-pairie; *Lanvaux*, confisquée en 1228 et dont le dernier baron mourut en prison, vers 1239, dans le château de Succinio qu'il avait fait bâtir (1); *Malestroit* et *Quintin*, baronnies érigées par Pierre II, en 1450.

Dans le pays Nantais, le cartulaire de Redon nous révèle l'existence des baronnies suivantes au XIe siècle : *La Roche-Bernard; Raiz*, qui était loin de comprendre tout le *pagus Ratiatensis; Pontchâteau; Donges*, cité en 1020; *Châteaubriand, Castellum Brientii*, fondé vers 1050; *Ancenis*, dont le château fut fondé en 940, par Aremburge, femme de Waroch, comte de Nantes; *Guérande, Blain* et *Fougeray;* enfin *Derval* érigée par Pierre II en même temps que Quintin et Malestroit.

Le nombre des baronnies bretonnes a donné lieu à des controverses quelque peu puériles. Se fondant sur des chartes suspectes, qu'Hévin lui-même déclare « des marchandises de contrebande (2), » et qu'on attribuait à Alain Fergent et à Alain le Long, on prétendait que le nombre des barons de Bretagne avait été originairement fixé à neuf. Ce chiffre de neuf apparaît vers la fin du XIVe siècle, sous Jean IV; on le considéra dès lors comme obligatoire, et pour le tenir au complet, à mesure que les anciennes familles s'éteignaient, de nouvelles baronnies furent érigées, Ponchâteau, pour remplacer Lanvaux; plus tard Derval, Quintin et Malestroit. Ce qui fit adopter ce nombre de neuf, fut qu'il y avait neuf évêchés en Bretagne, et que le Duc pour tenir ses États voulut avoir, à l'exemple du Roi, autant de barons que d'évêques, les uns et les autres étant en quelque sorte les Pairs de la province. — En réalité, le chiffre des baronnies était indéterminé (3).

30. — *Les fiefs de chevalier, feoda militum.* — Dans l'usage

(1) La baronnie de Lanvaux fut rétablie en 1464, par François II, en faveur d'André de Laval, seigneur de Lohéac, maréchal de France (D. Morice, *Preuves*, t. Ier, p. XXVIII; note sur la confiscation de la baronnie de Lanvaux, *Histoire*, t. Ier, col. 996).

(2) *Questions féodales*, p. 330.

(3) Voir sur les baronnies de Bretagne la dissertation insérée par D. Morice, sous forme de *Préface*, en tête du tome II de ses *Preuves*.

de Bretagne (1), comme en Angleterre (2) et en Normandie (3), le mot fief désignait toute tenure héréditaire, noble ou roturière, et non pas seulement le fief proprement dit.

Les mots *feoda militum* de l'Assise désignent les terres chargées du service militaire par pleines armes, celles qui doivent un chevalier, *miles* (4). Ces fiefs bretons ont leurs équivalents en Normandie dans les fiefs de Haubert (5), et en Angleterre dans les Knight's fee (6).

Nous retrouvons également dans les *Assises de Jérusalem*, dans les *Établissements de saint Louis*, dans tous les textes et dans tous les pays, des terres chargées du service militaire, qui était le service féodal par excellence, de véritables fiefs de chevaliers. Brussel a donc eu tort de dire que ces fiefs n'ont été connus qu'en Normandie et en Bretagne (7). Ce qui est vrai, c'est que nulle part ils n'ont pris une physionomie propre et n'ont eu une existence aussi vivace que dans ces deux provinces.

Les fiefs de chevalerie étaient les *membres* dont se composaient les baronnies. Ils se trouvaient en général placés sous la mouvance de ces dernières (8), encore qu'on pût en trouver quelques-uns relevant directement du duc (9). Ils possédaient le droit de haute justice, et le droit d'afféager, ce qui ne

(1) « Féage et Censie, c'est tout ung, disait l'Anonyme, fors que féage proprement est ès héritages nobles » (Note sous le chapitre 40 T. A. C.).

(2) Cf. Glasson, t. II, p. 172.

(3) Coutume de Normandie, art. 270.

(4) « *Milites qui per loricas terras suas deserviunt* » (Leges Henrici I, regis Angliæ, cap. 2).

(5) On trouve de nombreux renseignements sur le fief de Haubert, *feodum loricæ*, dans Loyseau, Basnage, Brussel, Hervé, ainsi que dans les glossaires de Ragueau et de Du Cange.

(6) *Knight*, chevalier, en allemand *ritter*. — Sur les tenures *by Knight's service*, voir Glasson, t. II, p. 17, 146 et suiv.; 172-177.

(7) *Usage général des fiefs*, t. Ier, p. 174, note *b*.

(8) Chaque baron avait en effet ses barons, c'est-à-dire ses vassaux. Dans divers titres rapportés par Hévin dans ses *Annotations* sur Frain, on voit le baron de Fougères et de Dinan s'adresser *baronibus suis*.

(9) « Feoda militum, sive teneantur in capite de rege, sive de aliis » (*Très ancien Coutumier de Normandie*, cap. LXXXIV, no 1).

s'entendait du reste que de l'afféagement roturier, à titre de *censie* (1).

Avant que les démembrements par partage ne les eussent multipliées, ces terres durent être assez rares en Bretagne. Le rôle des osts du duc de 1294 n'en compte que 166.

31. — Les baronnies et les chevaleries, dont je viens d'indiquer la nature et les caractères, sont seules mentionnées dans l'Assise.

Y avait-il en Bretagne d'autres terres nobles? et ces terres nobles étaient-elles soumises au régime de l'Assise?

Pour répondre à cette question il convient de distinguer suivant les époques.

Plaçons-nous d'abord au temps de Geffroi.

32. — Au XIIe siècle, nous pouvons affirmer l'existence de terres nombreuses, connues sous le nom de *sergenteries*.

Les expressions *serjanteria*, *servientes*, ont eu pendant longtemps un sens très vague, analogue à celui des expressions latines *ministri*, *agentes*, ou de nos expressions modernes *offices*, *fonctionnaires*, *auxiliaires*.

Les sergenteries finirent par n'être plus que des *fiefs en l'air*, sans fonds ni glèbe, de simples offices inféodés. C'est sous cette forme qu'on les trouve dans le Grand Coutumier de Normandie où l'on voit distinguées trois sortes de tenures : de rente, de terre, ou de dignité, « si comme quand ung homme tient d'ung aultre aulcune dignité, si comme d'avoir sergenterie (2). » Mais à l'origine les *servientes* recevaient en fief une terre, comme les autres vassaux, et c'est peut-être en Bretagne que les exemples de ces terres inféodées à titre de sergenteries se sont conservés le plus longtemps (3). Hévin et les Bénédictins nous ont conservé sur ces *sergenteries fieffées* de Bretagne les plus curieux renseignements.

(1) Chap. 149 et 261. T. A. C.

(2) Grand Coutumier de Normandie, chap. XXVIII.

(3) Par exemple, le chambellan du comte de Bretagne avait pour fief la seigneurie de Châteaugiron; son porte-épée, la seigneurie de Blossac. Un simple sergent de la barre de Rennes possédait la grande terre d'Epinay, dont un membre devint plus tard le marquisat de Sévigné. — On sait que le comté d'Anjou a été pendant longtemps le fief du Sénéchal héréditaire de France.

Les *servitia*, qui valurent aux sergenteries le nom qu'elles portent, comprenaient les services ou redevances de toute nature que pouvait devoir un fief. Le *servitium militare*, que devaient les terres de chevalerie, y était lui-même compris, et on disait très bien qu'un baron ou un chevalier tenait sa terre *par grand serjantie* (1).

Mais le plus souvent on établissait une division entre le service militaire et les autres genres de services, et alors le mot de *sergenteries* prenait un sens plus précis et ne servait plus à désigner que les terres chargées d'un office autre que le service d'armes. C'est ce qu'il faut entendre par *sergenteries* toutes les fois qu'on trouve ce mot opposé à *feodum militis* (2).

33. — Dans ce sens restreint du mot, les Coutumes anglo-normandes distinguaient deux catégories de terres, les grandes sergenteries, et les petites.

Les grandes sergenteries concernaient le service du roi en personne, principalement dans les cérémonies d'éclat, comme à son couronnement. A cet ordre appartiennent toutes les hautes fonctions des anciennes cours féodales, porte-étendard, porte-épée, bouteiller, etc. (3).

Les petites sergenteries dépendaient au contraire des seigneurs particuliers, ou si elles relevaient nuement du roi, n'étaient assujetties qu'à des services de peu d'importance (4).

34. — Nous trouvons en Bretagne deux variétés de sergenteries.

1º Celles qui ont porté ce nom jusqu'à la fin, et qui seules le gardaient alors. Leurs possesseurs, les *sergents féodés*, étaient chargés de faire les *semonces* pour le compte du duc et la *cueillette* de ses rentes. Ils *exploitaient* en outre pour les particuliers, comme le font nos huissiers actuels, et faisaient la police des audiences du Parlement général ou États du

(1) Fleta, liv. III, chap. XIV, et la note de Houard, *ibid.*, t. III, p. 427.

(2) Il suffit pour s'en convaincre de parcourir les fragments rapportés par Du Cange, au mot *serviens, serjantia*, et leurs variantes.

(3) Littleton, lib. II, cap. 9. — Cf. Bracton, lib. II, cap. XVI, § 6, et la note de Houard, dans ses *Coutumes anglo-normandes*, t. III, p. 427.

(4) Fleta, lib. I, cap. X et XI; Littleton, sect. 159, 160, 161.

duché (1). Pendant bien longtemps ces sergenteries ont constitué toute l'administration ducale.

2° Celles qui étaient chargées d'un service militaire inférieur à celui des chevaliers et qui sont plus généralement connues sous le nom de fiefs d'écuyers.

Les écuyers étaient des nobles de condition inférieure, qui avaient pour charge de suivre les chevaliers à la guerre et de porter leurs armes, d'où leurs noms de *Scutiferi*, *Valleti*, *Armigeri*. On les trouve toujours mentionnés à côté des chevaliers, et en plus grand nombre qu'eux (2), car il y en avait déjà deux ou trois pour chaque lance (3).

Très souvent ils sont désignés sous le nom générique de *sergents* (4). On en trouve quelques-uns dans le rôle des osts du duc, de 1294; mais ils sont bien antérieurs, et plus anciens même que l'Assise de Geffroi (5).

35. — Demandons-nous maintenant si les sergenteries féodées et les fiefs d'écuyers étaient soumis au régime de l'Assise. Malgré le soin avec lequel j'ai dépouillé tous les documents relatifs à la Bretagne, je n'ai pu trouver aucun renseignement qui me permette une affirmation positive en réponse à cette question, en ce qui concerne les sergenteries.

Les seuls indices que je possède sont étrangers à la Bretagne. Ce sont d'abord deux passages du Très ancien Coutumier de Normandie : « Nec feodum lorice, nec serjanteria quæ ad dominium ducis pertinet, nec baronia partientur (6). »

(1) Sur les sergenteries féodées de Bretagne, voir Hévin, *Questions féodales*, p. 79, 94, 258, 259, 273, 278; *Annotations* sur les plaidoyers de Frain, p. 369 à 375; et ses *Consultations* IIIe et IVe.

(2) Voy. les exemples cités par Du Cange aux mots *Armigeri, Scutiferi, Serviens* (*armiger*).

(3) Plus tard leur nombre augmenta. Les lances garnies finirent même par comprendre jusqu'à dix cavaliers chacune, sans compter les gens de pied (Duclos, *Œuvres*, t. II, p. 32 et 215).

(4) Du Cange, Vis *Servientes* (*milites pedites*) et *Servientes* (*equites*). — Voy. la liste des *sergents* du royaume de Jérusalem à la fin du livre de Jean d'Ibelin. Ces sergents ne sont autre chose que des *armigeri* ou écuyers.

(5) Les *armigeri* ou *scutiferi*, apparaissent dès le début des croisades; il en est question dans Roger de Hoveden, dans Fulcherius de Chartres, qui mourut en 1127, et dans tous les chroniqueurs du XIIe siècle.

(6) *Très ancien Coutumier*, cap. VIII, n° 5. — Cf. *ibid*, cap. IX, n° 1.

— « Si in hereditate eorum fuerit baronia, vel feodum lorice, vel serjanteria, vel alia terra quæ non sit partibilis (1). » Puis un court fragment de la *Fleta*, qui semble prendre le mot *serjantia* dans son sens le plus large : « Serjantiæ vero Regis dividi non debent, ne cogatur Rex hujus modi servitia recipere per particulas (2). »

La réponse serait donc facile pour les provinces anglo-normandes : les sergenteries qui relevaient directement du duc y étaient indivisibles, comme les baronnies et les chevaleries; mais pour la Bretagne nous restons dans l'incertitude.

Quant aux fiefs d'écuyers, le doute est moins sérieux. Le silence que gardent à leur égard les Coutumes de Normandie et l'Assise est significatif; on n'avait pas songé à les rendre impartageables. Les motifs de l'indivisibilité faisaient d'ailleurs défaut, les écuyers n'étant chargés que de services secondaires, et relevant, non pas du duc, mais des chevaliers, dont ils étaient, suivant l'expression féodale, les valets. — Enfin il existe dans les Preuves des Bénédictins, un acte fort curieux, de 1269, qui s'applique autant qu'on peut le croire à un fief d'écuyer (3). C'est une transaction sur partage entre les enfants d'un certain Hervé Rouaud, *armiger*. L'aîné prélève une part considérable, *avantagium seu primogenituram*, dont la quotité sera fixée par la justice, *secundum quod nostra curia inspiceret;* mais les puînés obtiennent une part en propriété, *partem seu portionem de dicta hereditate seu patrimonio*. Cette part de propriété ne leur est pas concédée volontairement par l'aîné; elle leur est due d'après la coutume, *quam* (*quilibet eorum*) *debet habere secundum veteres Assisias Leonenses vel consuetudines* (4).

Tout ceci démontre bien que les fiefs d'écuyers n'étaient pas impartageables; mais le caractère noble de ces terres au XIIe siècle est pour le moins fort douteux.

(1) *Très ancien Coutumier*, cap. LXXXIII, nº 4.

(2) *Fleta*, lib. V, cap. 9, § 28.

(3) D. Morice, *Preuves*, t. Ier, col. 1018.

(4) Qu'est-ce que ces *vieilles Assises de Léon*, sur lesquelles nous n'avons aucun renseignement? Probablement pas autre chose que la jurisprudence du pays, les traditions suivies par le sénéchal de Léon dans ses Assises ou plaids.

36. — Si nous envisageons maintenant une période bien postérieure, le moment de la réformation de la Coutume au XVIe siècle, nous voyons un grand nombre de terres, considérées comme nobles, qui ne se gouvernent pas selon l'Assise (1). C'est là un fait considérable, assez difficile à expliquer, étant donnée l'identité originaire des fiefs d'Assise et des fiefs nobles.

Peut-être a-t-il eu pour cause l'avènement à la noblesse de nouvelles familles, continuant à partager leurs terres comme elles le faisaient antérieurement. Ces usurpations de noblesse furent très fréquentes; mais fréquemment aussi, pour couvrir le vice de leur origine, ces familles parvenues imitaient les nobles dans leurs partages en adoptant le gouvernement avantageux (2).

Peut-être aussi les idées avaient-elles changé, et considérait-on comme nobles des services et des terres qui primitivement n'avaient pas eu ce caractère. — Il a pu aussi se former, par les partages en juveigneurie ou les mariages des filles, des seigneuries nouvelles dont l'origine était oubliée, et qui ne suivaient plus le régime des terres nobles.

Ce qui est plus difficile à comprendre, c'est qu'il y eut de véritables chevaleries qui n'étaient pas soumises à l'Assise (3). Il faut que, dès le début, l'Assise n'ait pas été acceptée par

(1) « Libelle de partage est recevable entre nobles, sauf à alléguer l'usement et que les fiefs se partagent selon l'Assise au comte Geffroi » (Note de l'Anonyme, sous le chapitre 209, T. A. C.). — On voit même que, pour l'Anonyme, la possibilité de partager forme la règle et que les terres d'Assise ne sont qu'une exception.

(2) Les juges avaient l'habitude d'appointer en preuve sur le gouvernement de biens, qui une fois prouvé faisait présumer la qualité originaire de fiefs d'Assise; les aînés s'entendaient avec leurs puînés pour reconnaître que leurs fiefs avaient été gouvernés suivant l'Assise et « faisaient là dessus une transaction qui résonnait le partage avantageux » (Hévin, *Consultations*, p. 535; sur Frain, p. 542). — Cf. d'Argentré : « Telles gens sont importunément solliciteux de s'investir en noblesse bien avant et fonder ce qui est frais et neuf.... et n'ont meilleur moyen pour s'autoriser qu'après avoir composé avec leurs consorts... et escrire des partages et papiers qui chantent ce qu'on veut du gouvernement noble...; tels partages présupposent antique noblesse de fiefs et de personnes et qualités certaines » (*Partage des nobles*, question XXI).

(3) Par exemple, celles qui se trouvaient dans la famille des Guibé. Voir n° 37, en note.

toutes les familles nobles. Je serais assez porté à le croire, car la Très ancienne Coutume suppose formellement que dans certaines familles, on ne s'y conformait pas : « Au cas que l'aîné et les juveigneurs ne voudraient jurer l'Assise et seraient d'un gré que les juveigneurs auraient pourvéance sur le grand de la terre (1). »

Quoi qu'il en soit de leur origine, qui reste douteuse, il y avait, au XVIe siècle, à côté des fiefs d'Assise, un grand nombre de terres nobles qui ne suivaient point les mêmes règles.

37. — Pour s'y reconnaître et distinguer les unes des autres, la seule règle qu'on suivît était *l'usement* des fiefs qu'il s'agissait de partager (2). A chaque succession, lorsque les parties n'étaient pas d'accord, on se livrait à une information pour savoir comment les terres avaient été traitées dans les précédents partages. Pour partager avantageusement, il fallait la possession du gouvernement avantageux ; quand elle faisait défaut, il était impossible de l'introduire pour la première fois (3). Les précédents faisaient loi. Cette pratique a toujours été suivie (4). Elle devint obligatoire à partir de la réformation de 1539, où l'on se servit à dessein de ces mots : *qui se sont gouvernés noblement ès temps passés* (5).

38. — En recherchant quelles successions et quelles terres

(1) Chapitre 209, T. A. C.

(2) « Sauf à alléguer l'usement et que les fiefs se gouvernent selon l'Assise » (Note de l'Anonyme, sous 209, T. A. C.).

(3) C'est ce qui eut lieu notamment pour la succession des Guibé, les neveux de Pierre Landais qui avaient rempli au XVe siècle les plus hautes dignités de la province, l'amirauté, les évêchés de Rennes et de Nantes, et qui possédaient parmi leurs terres d'anciennes chevaleries, mais la possession du gouvernement avantageux défaillait, et la Cour ordonna le partage égal. Messire Jean Guibé *de cujus*, gouverneur de Rennes et vice-amiral de Bretagne, était mort en 1515. L'arrêt final fut rendu en 1592. On avait plaidé 50 ans ! (Hévin, *Consultations*, p. 533).

(4) « On appointait toujours les parties à informer sur le gouvernement des biens » (Hévin, *Consultations*, p. 534. — Cf. Hévin sur Frain, p. 542).

(5) Art. 543, A. C. — Cf. deux arrêts rapportés par Du Fail : « L'aîné articulera plus amplement les qualités et gouvernement tant des personnes que des biens » (arrêt de 1560). — « Pour en jouir, le puîné de la portion qui se trouvera lui appartenir selon la nature, qualité et gouvernement des fiefs » (arrêt de 1561). (Edition Sauvageau, p. 102 et 468).

se gouvernaient selon l'Assise, d'Argentré a commis une double erreur qu'Hévin a complaisamment relevée, et très exactement rectifiée (1). Il ignorait que le *feodum militis*, la chevalerie, fût une terre d'une certaine qualité. De son temps cette chevalerie réelle, féodale, n'existait plus; il n'était plus question que de la chevalerie militaire, simple titre nobiliaire, non plus inhérent au fonds, mais conféré à la personne. Dès lors il devait croire que l'Assise avait parlé des terres appartenant à un chevalier, quelle que fût leur nature. Aussi lui semble-t-il étrange qu'une qualité accidentelle, qui n'est de sang ni de race, imprègne un tel effet aux biens de pouvoir changer et altérer la succession entre plusieurs enfants et amoindrir les portions naturelles des uns pour augmenter celles des autres (2). Poursuivant son idée, il se demande s'il faut qu'il y ait eu plusieurs chevaliers dans une famille pour y introduire le gouvernement de l'Assise, et combien il en faut, et si les chevaliers provenant d'autres causes que les armes, comme les chevaliers de lois, y participent. — La même méprise n'était pas possible pour les baronnies, car la baronnie était restée un titre de terre, et même de son temps, il n'y avait point de baron sans baronnie.

Cette première erreur lui en avait fait commettre une seconde. Il croyait que toute la succession d'un baron était soumise au partage selon l'Assise, quelle que fût la qualité des terres qui la composaient, à l'exception toutefois des terres roturières, « qui ne sçauroient porter condition advantageuse, et gardent toujours leur naturel de teste à teste, entre quelques personnes que ce soit. » Son raisonnement est assez curieux : « On ne peut nier, dit-il, que la qualité de chevalier ne soit pure personnelle, abstraite et séparée de toute matière réelle ou foncière. Elle ne se donne en considération de terre ni héritage,... et toutefois a sa vertu telle que toute la succession de celuy qui est chevalier se départ avantageusement..., ce qu'on ne peut borner d'aucune terre, ny de ceste-ci, ni de ceste-là... Qui me fait conclure... que tout ainsi doit-il être de la succession des barons et comtes, et à meil-

(1) Hévin sur Frain, p. 520, 566, 567.

(2) *Partage des nobles*, questions XVI et XVII.

leure raison (1). » La même erreur fut commise plus tard par Gilles le Ribaud et Paul de Volant (2). Il faut répondre avec Hévin que l'Assise ne considérait pas les personnes par leur qualité personnelle de nobles, mais par celle de possesseurs de seigneuries de certaine qualité, scavoir baronnies et chevaleries. — « A proprement parler, il ne faut pas dire que l'Assise ait été faite pour les barons et chevaliers, mais plutôt pour les baronnies et fiefs de chevaliers, car l'objet de la loi n'est pas des personnes, mais des terres et seigneuries (3). »

39. — Le système de l'Assise, qui fait l'objet de cette étude, va être expliqué en détail. Disons quelques mots de la façon dont se gouvernaient les terres qui n'étaient pas fiefs d'Assise.

Je suis convaincu que primitivement il n'y eut point pour elles d'autre règle que le partage égal. C'est du moins ce que dit le chapitre 207 de la Très ancienne Coutume : « Et toutes autres, qui ne (4) se gouvernent selon l'Assise au comte Geffroi, sont parties testée à testée. » Les notes anonymes sous le même chapitre le répètent encore : « Et ce est en fiefs d'Assise, et toutes autres successions se départent teste à teste. » Cela résulte enfin de l'arrêt rendu en 1592 pour la succession de Jean Guibé, qui ordonna le partage égal (5).

40. — D'Argentré a toujours soutenu cette opinion (6). Mais il lui donnait une portée absolue qu'elle n'avait pas de son temps, ce qui lui a valu les sarcasmes d'Hévin (7). Dans beaucoup de familles nobles où l'on ne partageait pas suivant l'Assise, on donnait à l'aîné un simple préciput sur le chef manoir, sans part avantageuse sur le reste, ce qui constituait un partage d'*espèce moyenne*, comme dit Hévin, entre le gou-

(1) *Partage des nobles*, question XIX.

(2) Hévin, *Consultations*, p. 496.

(3) Hévin sur Frain, p. 511.

(4) La négative ne figure dans aucune édition imprimée, mais le sens l'impose, et la note de l'Anonyme l'indique. Du reste, c'est une faute des éditeurs, que les manuscrits, ou du moins certains d'entre eux, ne contiennent pas (Cf. Viollet, *Établissements*, t. Ier, p. 295, note 1).

(5) Hévin, *Consultations*, p. 533.

(6) *Partage des nobles*, IVe proposition.

(7) Hévin sur Frain, p. 565.

vernement de l'Assise et le partage roturier. Une enquête faite en 1668 sur les usurpations de noblesse, fit produire un grand nombre de ces partages entre nobles (1). D'Argentré en connaissait bien l'existence, car il avouait lui-même que son opinion allait contre la pratique et l'usage, et il condamnait ce *tiers partage, métis et hybride, imagination des praticiens abusive, sans loi, sans coutume*, etc. Hévin prétend nous apprendre le secret motif qui le faisait agir. « Lorsque feu M. Pierre Hévin, mon père, vint au barreau, il y trouva des personnes qui avaient connu M. d'Argentré, et lorsque j'y vins en 1640, il y avait encore d'illustres postulans qui approchaient fort de son temps. J'ay appris d'eux que la tradition était qu'il avait voulu par là prévenir les esprits en faveur d'un noble son ami, dans la famille duquel il ne se trouvait que des partages de cette sorte, sans aucun avantage ou préciput quelconque pour les aînés (2). »

CHAPITRE III.

Régime successoral établi par l'Assise.

§ I. — *Attribution de la seigneurie entière à l'aîné.*

SOMMAIRE.

41. C'était la disposition essentielle de l'Assise.
42. En principe l'aînesse appartenait aux mâles.
43. A défaut de mâle, une fille pouvait être aînée.
44. L'aînesse des filles était également admise dans les provinces voisines, mais moins absolue qu'en Bretagne.

41. — L'Assise commence par établir le principe de l'indivisibilité, en prohibant pour l'avenir tout démembrement par

(1) Quelquefois même on y ajoutait hors part pour l'aîné la quatrième, la cinquième ou la sixième partie des biens nobles selon l'opulence de la succession (Hévin, *ibid.*). On se rapprochait ainsi du gouvernement de l'Assise; mais les actes privés reflètent la confusion qui régnait alors dans les idées : ils nous offrent des exemples les plus variés de tous les systèmes. On y trouve tout, excepté une règle fixe.

(2) Hévin sur Frain, p. 565.

partage dans les baronnies et les chevaleries, et en attribuant la seigneurie tout entière à l'aîné : *Quod in baroniis et feodis militum ulterius divisiones non fierent, sed major natu integrum* (1) *dominatum* (2) *obtineret.*

C'était sa disposition essentielle.

Il convient d'en rapprocher un passage du *Très ancien Coutumier de Normandie*, qui s'exprime à peu près dans les mêmes termes : *Miles primogenitus feodum lorice integrum habebit et non partietur* (3).

42. — En principe, le droit d'aînesse ne pouvait appartenir qu'à un enfant mâle, parce que, en Bretagne comme ailleurs, les filles ne pouvaient succéder qu'à défaut de fils : *Masculus sexus semper præferri debuit sexui femineo; nunquam enim ad successionem vocatur femina quamdiu aliquis heres superfuerit ex masculis* (4). Une sœur, même plus âgée que lui, n'empêchait donc pas son frère d'être l'aîné et de prendre à ce titre le fief paternel. Le système de l'Assise, qui n'admettait pour les fiefs qu'un héritier unique, ressemblait en cela aux coutumes qui autorisaient le partage des terres entre les enfants : comme elles, il donnait la préférence aux mâles.

43. — Quand il n'y avait que des filles le droit d'aînesse appartenait à la plus âgée. L'Assise le décidait en termes formels et donnait alors la seigneurie à la fille aînée et à son mari : *In filiabus vero qui majorem habuerit, terram habeat.*

Sur ce point la coutume de Bretagne différait profondément de la plupart des autres. Presque partout, quand les filles étaient admises à succéder à défaut de mâles, elles se partageaient également le fief de leurs parents (5). Aussi Ra-

(1) Certains manuscrits portent *terræ integræ*, entre autres le *Chronicon Briocense* (Bibliothèque nationale, ms. latin 6003, f° 92, v°).

(2) On trouve quelquefois *dominium*.

(3) Cap. VIII, n° 2. Cfr. *ibid.*, LXXXIII, n°s 4, 5 et 6.

(4) Bracton, II, 30. — L'exclusion des filles est bien plus ancienne que l'exclusion des puînés. Le droit d'aînesse ne s'est établi qu'à la fin du XIIe siècle, et nous possédons un édit de Conrad le Salique, de 1027, qui exclut les filles de la succession aux fiefs (Pertz, *Leges*, II, 39. Cfr. *Libri feudorum*, lib. II, tit. XI, pr.).

(5) « Droit d'aînesse n'a lieu quand il n'y a que filles » (Coutume de Paris, article 19). Voir la conférence des coutumes sur cet article dans Ferrière, *Corps et compilation de tous les auteurs anciens et modernes sur la coutume de Paris*, t. I, p. 31.

gueau avait-il grand soin de remarquer : « En Bretagne, le » mot *aisné* est un terme commun qui convient aux deux » sexes (1) ». Cet état du droit y a subsisté jusqu'à la fin.

44. — L'aînesse des filles était également admise dans tout le groupe des provinces voisines qui suivaient les mêmes règles dans les successions (2). Toutefois, dans la plupart d'entre elles, l'aînesse des filles était beaucoup moins absolue qu'en Bretagne. Elle se réduisait ordinairement à un préciput sur le chef manoir et à la tenue en parage, le reste des terres se partageant entre les sœurs par parts égales (3). La Bretagne n'a jamais connu une aînesse ainsi amoindrie (4). C'est à peine si parfois on a disputé à la fille aînée quelques-unes des prérogatives de l'aîné mâle (5).

(1) *Glossaire du droit français*, V° *Aisné*.

(2) Anjou, art. 227 et 232; Maine, art. 238 et 243; Poitou, art. 296; Tours, art. 173; Amiens, art. 71. — Cf. Beaumanoir, chap. XIV, 4 et 9; *Etablissements de saint Louis*, édit. Viollet, liv. I, chap. XII; *Anciennes coutumes d'Anjou*, publiées par M. Beautemps-Beaupré, A, 63; B, 4; C, 4; E, 153; F, 426, 428, 438; I, 183, 185. — Outre les textes des coutumes, nous possédons pour l'Anjou une enquête faite en 1340 sur le droit des filles et qui constate l'existence du droit d'aînesse pour elles, avec nombreux exemples à l'appui. M. Laboulaye, voulant démontrer que les filles partageaient entre elles également et sans avantage pour l'aînée, cite donc mal à propos la coutume d'Anjou et les *Etablissements*. Les textes qu'il vise, et qu'il rapporte même en partie, admettent un préciput avec parage, ce qui constitue une véritable aînesse (*Recherches sur la condition civile et politique des femmes*, p. 235).

(3) « Omnia tenementa, si contingat descendere ad sorores, equaliter par» tientur, et tria predicta quæ partiri non possunt, ita tamen quod soror » primogenita habebit masnagium capitale, et de ea tenebunt alie sorores » (*Très ancien Coutumier de Normandie*, édition J. Tardif, cap. IX, *De portione sororum*, n° 1; *Grand Coutumier*, chap. XXVI, *in fine*; Coutume de 1583, art. 272).

(4) Poullain-Duparc, *Principes*, t. IV, n° 172, p. 117, et n° 214, p. 143.

(5) Hévin sur Frain, p. 799 et 891.

§ II. — *Provision viagère servie aux puînés.*

SOMMAIRE.

45. Les puînés n'avaient droit qu'à une provision alimentaire.
46. La prohibition de démembrer n'a pas toujours été respectée : partage à *viage* par *assene*.
47. Violations plus graves de l'Assise : partages en propriété ; exemples.
48. Ce qui restait alors de l'indivisibilité.
49. Sur quel principe étranger à l'Assise reposait cette faculté de partager la terre.
50. Par qui le partage pouvait être consenti.
51. Restrictions apportées au droit du père.
52. Reproches injustes adressés à Hévin.

45. — Les puînés se trouvaient ainsi exclus de la terre paternelle, puisqu'elle était impartageable et que l'aîné la prenait tout entière. Il fallait pourtant bien pourvoir aux besoins de ces déshérités, et voici en quels termes l'Assise fixe leurs droits : *Et junioribus suis majores providerent, et invenirent honorifice necessaria juxta posse suum* (1). D'Argentré a reproduit au milieu de ses commentaires (2) un fragment latin de l'Assise, qui est conçu dans des termes un peu différents, mais dont le sens est exactement le même : *Ut majores natu... junioribus pro posse suo providerent de necessariis ut honeste viverent.* Je ne l'ai pas retrouvé dans les manuscrits.

Précisons d'abord le sens des mots.

Providere a ici le sens que Du Cange donne au substantif *providentia* dans son *Glossarium* : « Provisiones annonariæ vel etiam aliæ ad victum. — Gall., *pourvoyances*, nunc provisions. » — C'est ce que les constitutions de Sicile appelaient *vita et militia* (3).

Quant au mot *invenirent*, il ne veut pas dire *trouver*, mais *fournir* (4) ; il a le sens de *præbere*. Du Cange observe avec

(1) Cfr. le *Très ancien Coutumier de Normandie* : « Si solum feodum... » habuerint..., illud remanet fratri primogenito, qui ceteris fratribus pro » posse rationabiliter necessaria ministrabit. » (Cap. VIII, nº 4).

(2) *Partage des nobles*, col. 2209.

(3) *Constitutio pro militia fratris*, lib. III, tit. XIX. — Cfr. l'ancienne glose de cette constitution : « Verumtamen ipse frater major tenetur... præstare alimenta et militiam minoribus. »

(4) Voici d'autres exemples du mot *inveniendi* pris dans le même sens :

raison qu'il en est quelquefois de même pour notre mot *trouver*. Les anciennes traductions de l'Assise disent fort bien : « Et leur trouvera ce que leur faudra. »

Les puînés ne succédaient donc point. Ils recevaient simplement, à titre de provision, une pension viagère que leur faisait l'aîné. On avait fait d'eux, suivant l'expression de D'Argentré, *potius alimentarios quam heredes;* on voulait, comme dit Hévin, « les forcer à s'évertuer et à prendre l'essor (1), » c'est-à-dire à tenter le sort des armes.

46. — Sur ce point, l'Assise n'a pas été exécutée à la lettre et l'exclusion des puînés n'a jamais été aussi absolue que l'avait voulu Geffroi.

D'abord le partage en rentes, *in denariis,* que l'Assise autorisait par opposition au partage en propriété, *de terra ipsa,* se fit par *assene* ou *assiette*, c'est-à-dire par assignat d'une partie des terres aux puînés qui en percevaient les revenus. Quoique temporaire, ce démembrement de la seigneurie était contraire à l'Assise, comme le démontrent deux actes concernant le partage de la baronnie de Fougères en 1204. Hévin les a tirés, le premier du cartulaire d'Alençon à la Chambre des comptes de Paris (2), et les Bénédictins les ont reproduits après lui (3). Il s'agissait de la succession de Henri de Fougères, mort vingt-cinq ans avant l'Assise et père de ce Raoul qui avait pris part aux délibérations de 1185. Le frère puîné obtint le tiers de la baronnie en usufruit : « Habebit et pacifice tenebit » tertiam partem terræ Filgeriarum omnibus diebus vitæ suæ... » tenebit dominus Willelmus de Filgeriis tota vita sua et po» stea ad dominum Gaufridum de Filgeriis revertentur.... » C'est le *partage à viage* que nous aurons à étudier plus loin à propos de l'ordonnance de Jean II, et c'est même l'exemple le plus ancien que je connaisse. Les parties comprenaient si bien elles-mêmes l'irrégularité de cette transaction (4), que le

« Per servitium inveniendi arcum et sagittas » (Fleta, lib. VIII, cap. XIV, § 7); « Si quis ita feoffatus fuerit per sergentiam inveniendi domino regi unum » hominem vel plures ad eundum cum eo in exercitum » (Bracton, lib. II, cap. XVI, § 6).

(1) *Consultations*, p. 502.

(2) Hévin sur Frain, p. 523, 524.

(3) D. Morice, *Preuves*, t. I, col. 797 et 798.

(4) Ce partage n'est pas autre chose qu'une transaction, *pax, concordia : controversia in hunc modum pacificata est.*

puîné, pour mieux se mettre à l'abri de toute réclamation, eut grand soin de se réserver le droit de demander la confirmation royale, *cartam regis*, et il semble avoir eu de la peine à obtenir cette concession de son neveu, qui représentait le frère aîné prédécédé.

47. — Mais ce qu'il y eut de plus grave, les puînés obtinrent fréquemment un véritable démembrement du fief et se firent attribuer un lot en pleine propriété. Presque toujours, quand ils se révoltaient contre les sévérités du régime auquel on les soumettait, la lutte se terminait à leur avantage.

Si l'on s'était borné à leur permettre, comme dans le partage de Fougères que je viens de citer, de disposer, à titre définitif, d'une partie de leur lot, soit pour des legs pieux (1), soit pour la dot de leurs filles (2), ce n'eût été que demi-mal; mais souvent c'était leur part entière qui leur était cédée en pleine propriété.

Les exemples de ces infractions à l'Assise sont beaucoup moins nombreux qu'ils le paraissent à première vue à la lecture des actes privés; ce que le puîné reçoit en propriété constitue souvent une terre indépendante, de sorte que le principe de l'indivisibilité ne souffre aucune atteinte.

En voici pourtant quelques-uns dont le caractère ne me paraît guère douteux et qui ont, de plus, le mérite de l'inédit. Hévin les avait recueillis pour son usage personnel, et je les ai tirés de ses notes manuscrites aux archives d'Ille-et-Vilaine (3).

1° Acte de 1247. « Universis Christi fidelibus presentes lit- » teras inspecturis Gaufridus de Montbouchier, miles, salutem

(1) « Et de illa tertia parte poterit dare pro salute animæ suæ in elemosinam perpetuam et hiis qui ei servierint in suo servitio centum libratas terræ ad monetam andegavensem in feodo et hereditate » (D. Morice, *op. cit.*, col. 797).

(2) « Maritagia quæ Dominus Willelmus fecit in tempore teneuræ suæ, si rationabilia sunt, teneantur; si non, in voluntate sit Domini Gaufridi » (*Ibid.*, col. 799).

(3) Les notes manuscrites d'Hévin forment une dizaine de liasses non classées. Elles abondent en renseignements de toute nature sur les anciens usages de la Bretagne. On y trouve même des pièces inédites en assez grand nombre, qui lui passaient entre les mains dans les dossiers des affaires dont il était chargé. Il s'empressait d'en prendre copie, quand il ne gardait pas l'original. C'est ainsi que j'y ai découvert l'original des lettres patentes accordées en 1455, par Pierre II, au sire du Chastel pour l'érection de sa terre en bannière. Les Bénédictins avaient publié cette pièce d'après la copie transcrite sur les registres de la Chambre des comptes.

» in domino. Noverint universi quod ego dedi Radulpho de » Montbouchier fratri meo omne illud donum quod dedit An- » dreas, dominus de Vitreio, Guillelmo, domino de Montbou- » chier, patri meo..., habendum dicto Radulpho et suis here- » dibus, et tenendum de me et meis heredibus tanquam junior » de primogenito et in perpetuum possidendum, excepto eo » quod pater meus habet... ex dono supra dicto. Et sciendum » quod ex dicto dono quod feci dicto Radulpho fratri meo » eumdem Radulphum recepi in hominem cum assensu et » auctoritate patris mei, presentibus N.N... (1). »

2° « Scachent tous que par nostre cour seculiere de Saint- » Paul, Guillaume, par la grâce de Dieu, evesque de Léon, » furent en droit presens et personnellement establys Jan de » K..., fils aîné principal heritier noble et expectant de Mons. » K..., d'une part, et Guillaume K..., frere juveigneur du dit » Jan, d'autre part; lequel Jan cognoet et confesse avoir pris » et receu et par ces presantes prend et reçoit le dit Guillaume » son frere à homme de main et de bouche, en la forme et ma- » niere accoustumée en Bretagne aux nobles à recevoir leurs » juveigneurs à heritier (2), quant a avoir, tenir, posseder, et » joir heritierement, luy et ses hoirs, successeurs et de luy » ayant cause a jamais, la somme de 20 l. de rente d'assiette » de terre à prisage d'entre freres et sœurs à la coustume des » heritages des dites successions et richesses de leurs dits pere » et mere » (8e jour de décembre 1449) (3).

3° Autre acte du 29 juillet 1436 par lequel Olivier de Penmarch reçoit Olivier son oncle *en homme héritier* de la somme de 45 l. de rente (4).

48. — Il restait néanmoins quelque chose du principe de l'indivisibilité, même pour les terres qui subissaient un partage. Le *titre* ne se communiquait pas aux puînés. D'une baronnie on n'en pouvait faire deux ou plusieurs (5). Les *mem-*

(1) Archives d'Ille-et-Vilaine, fonds Hévin, *Glossaire*, registre de parchemin, f° 26. — Cet acte et le suivant sont remarquables en ce qu'ils nous présentent un partage opéré du vivant du père; il faut évidemment sous-entendre une démission de biens, ou tout au moins une donation faite par le père à ses enfants.

(2) *Héritier* signifie ici *propriétaire*.

(3) Archives d'Ille-et-Vilaine, fonds Hévin, même registre, f° 25.

(4) *Ibid.*, même registre, f° 25.

(5) Hévin, *Questions féodales*, p. 5. — Cf. pour l'Anjou la glose de l'an-

bres ou *éclipses* qui s'en détachaient quelquefois pouvaient être des seigneuries de haute justice, des *châtellenies* (1), mais non des baronnies; le corps principal en retenait le titre, et l'aîné seul était autorisé à le porter.

49. — Ces démembrements de terres, faits en violation de l'Assise, procèdent d'un principe tout à fait indépendant : la liberté des donations (2). L'indivisibilité des fiefs était une règle des successions; on n'avait pas voulu que les puînés conservassent le droit d'exiger une part de la terre; mais on n'avait pas défendu à l'aîné de leur en abandonner une portion même en pleine propriété, s'il le voulait. L'indivisibilité avait été établie en sa faveur; il pouvait y renoncer en se dépouillant volontairement d'une partie de la succession. Il donnait des terres à ses frères puînés, comme il aurait pu les donner à un étranger (3).

50. — Ordinairement le démembrement était consenti par l'aîné après la mort du père; les puînés étaient alors, comme on disait, partagés par les mains de l'aîné. Quelquefois aussi c'était le père lui-même qui, avant de mourir, partageait sa terre entre ses enfants. La Coutume d'Anjou le dit dans un texte bien connu : « Baronie ne se depart mie entre freres, si » le pere ne lour fet partie (4). » On sait d'ailleurs que le testament du père s'appelait alors *devise*, *divisa*. Les exemples

cienne Coutume : « Par ce devez savoir que l'aîné doit avoir la noblesse de » la baronnie et de la seigneurie » (Beautemps-Beaupré, *Coutumes d'Anjou*, t. I, p. 205).

(1) Hévin en rapporte quelques exemples (*Consultations*, pp. 334, 534, 546, etc.).

(2) « Licet autem ita generaliter cuilibet de terra sua rationabilem partem pro sua voluntate cuicumque voluerit libere in vita sua donare » (Glanville, lib. VII, ch. I, dans Houard, *Coutumes anglo-normandes*, t. I, p. 462).

(3) « Si feroit il a un estrange, si il vouloit » (*Ancienne Coutume d'Anjou*, § 1, Beautemps-Beaupré, t. I, p. 69; *Etablissements*, liv. I, ch. X). — « Et » aussi porroit il faire a j. estrange personne » (*Ancien Coutumier d'Artois*, édition Ad. Tardif, tit. XXXVI, n° 4).

(4) Beautemps-Beaupré, *Coutumes d'Anjou*, B, § 18, t. I, p. 76; *Etablissements*, liv. I, ch. XXVI. — Cf. Pierre des Fontaines : « Li maisnez n'ont pas » par notre usage certene partie, *se li pere ne lor devise...* » (*Conseil à un ami*, ch. XXXIV, § 2). — Glose sur la Coutume d'Anjou : « Ainsi devez entendre que les puisnez nont que... en bienfait..., se *il ne leur est donné de* » *leur pere* ou de leur frere aisné à perpetuité » (Beautemps-Beaupré, t. I, p. 205; cf. *ibid.*, p. 184).

de ce mot que cite Du Cange sont précisément empruntés au droit anglo-normand et pris aux sources mêmes de notre Assise, dans Glanville, dans le testament de Henri II, père de Geffroi. Nos sources bretonnes, telles que les *Lettres* de 1275 pour la mutation du bail en rachat, disent également *devise* pour testament.

51. — Seulement le droit du père subissait une limitation particulière; pour procéder au partage, il fallait qu'il obtînt le consentement de son fils aîné : « Pere et mere ne pevent don» ner riens de leurs heritages sans la volunté de leur fils aesné » a leurs enffanz juveigneurs, s'ilz sont nobles (1). » La même restriction se trouve déjà dans Glanville. Après avoir dit que chacun peut librement donner une partie de sa terre quand il le fait entre-vifs, *in vita sua*, il ajoute que la même liberté ne lui est pas laissée quand il dispose par testament : « In extre» mis tamen agenti non est hoc cuiquam hactenus permissum, » quia possit tunc immodica fieri hereditatis distributio (2). » Cependant cette donation serait valable, si elle était faite avec le consentement du fils aîné, seul héritier de son père : « Pos» set tamen hujusmodi donatio in ultima voluntate alicui facta » ita tenere *si cum consensu heredis fieret*... (3), » et un peu plus loin : « Esto enim quod aliquis miles... plures habens » filios... uni eorum, verbi gratia prius nato post heredem, » quamdam partem rationabilem de hereditate sua *cum con» sensu etiam heredis sui*, ne super hoc fieret contentio, here» ditabiliter donat... (4). » De la sorte, il fallait toujours que le fils aîné consentît au démembrement pour qu'il pût avoir lieu (5), et les ducs s'exprimaient d'une manière très exacte quand ils disaient dans les donations faites à leurs puînés :

(1) *Règles coutumières bretonnes*, dans Viollet, *Etablissements*, t. III, p. 225 ; dans D. Morice, *Preuves*, t. I, col. 1252; t. II, col. 1779.

(2) Houard, *Coutumes anglo-normandes*, t. 1, p. 462.

(3) *Ibid.*

(4) *Ibid.*, p. 465.

(5) Bouteiller, en sa *Somme rural*, s'occupe, lui aussi, du démembrement des fiefs au profit des puînés (tit. LXXV, *De l'Assene ou Advis qu'on faict a ses enfans*, édition de 1621, p. 437). Il exige, en principe, le consentement de l'aîné : « Faire le peut par le gré de son aisné filz.... » Mais la suite du texte est altérée; il faut sans doute lire au bas de la page : « Car en autre » terre qui *n*'est fief..., » en ajoutant la négative qui ne figure pas dans le texte imprimé.

« Nonobstant que par la coustume de nostre pays et duché » de Bretaigne entre les nobles, *si du plaisir de l'aisné n'es- » toit*, les puisnez n'ayent ne doivent prendre aucune portion » de meubles ne heritages ez successions de pere et de mere » par heritage... (1). » — L'observation de l'Assise se trouvait ainsi devenue facultative pour l'aîné (2).

52. — Ces démembrements volontaires finirent par passer dans l'usage, quoiqu'ils n'aient jamais été autorisés par un texte formel. Hévin, qui connaissait leur ancienneté et leur fréquence, avait donc bien raison de soutenir leur légalité (3), et les reproches qu'on lui a adressés à cette occasion sont tout à fait injustes.

Daguesseau l'accuse d'avoir voulu favoriser les puînés contre les chefs des grandes maisons, et de l'avoir fait par un esprit de jalousie contre d'Argentré, par « un faux point » d'honneur, pour élever sa réputation sur celle de cet au- » teur (4). »

M. de Blois reprend l'accusation pour son compte et veut

(1) Donation de biens confisqués sur les Penthièvre, faite par le duc Jean V à son puîné Richard, en 1420 (D. Lobineau, *Preuves*, col. 944; D. Morice, *Preuves*, t. II, col. 1043).

(2) On peut considérer cette faculté que l'usage laissait au père et au frère aîné de démembrer la terre, malgré l'Assise, comme la cause principale des erreurs et des incertitudes qui ont de tout temps obscurci les successions nobles. Si la défense avait été absolue, si les membres des baronnies n'avaient jamais pu se détacher du chef, aucune hésitation n'eût été possible, quand le partage à viage fut définitivement organisé, sur le caractère purement temporaire du droit des puînés.

(3) C'est une opinion qu'il a exprimée à plusieurs reprises dans ses ouvrages (*Consultations*, p. 332, 515, 538, 546; *Questions féodales*, p. 139; *Notes sur Frain*, p. 552). Ses notes manuscrites en contiennent l'expression plus nette encore, et avec pièces à l'appui : « Le partage par lequel l'aisné » bailloit à son puisné à charge de le tenir de luy comme juveigneur d'aisné » est un vrai partage selon l'Assise du comte Geffroi. Dans une transaction » de 1578 entre nobles hommes N... du Chastelier, sieur du Priouré, marié » à Olive de Boisbaudry, et Olivier du Chastelier, sieur de la Haustais, son » puisné, après avoir établi que les parties sont de gouvernement advanta- » geux et que leurs autheurs avoient juré l'Assise, l'aisné baille en propriété » à son puisné pour le tenir de luy en juveigneurie et luy en faire la foi. — » Le dit puisné estoit conseiller et savait bien les règles des partages » (Archives d'Ille-et-Vilaine, fonds Hévin, *Glossaire*, registre de parchemin, 1er feuillet).

(4) Daguesseau, *Mémoire sur l'Assise*, t. V, p. 504.

faire peser sur Hévin une bonne part de responsabilité dans les procès que fit naître l'Assise : « Depuis qu'il eut soutenu » que les puînés pouvaient recevoir un tiers par héritage, il » n'y eut plus de succession où les puînés n'élevassent cette » prétention. En 1787, dans la succession du duc de Lorges, » seigneur de Quintin, les puînés invoquaient encore l'auto- » rité d'Hévin (1). »

Il est facile de justifier Hévin.

D'abord il n'a pas dit que ce fut un droit pour les puînés d'obtenir une part en propriété ; il a dit, ce qui est bien différent, que l'aîné pouvait la leur donner, s'il le voulait. Ainsi formulée son opinion n'est pas douteuse.

Quant aux procès qu'on l'accuse d'avoir provoqués en favorisant les puînés, ils lui sont bien antérieurs (2), et si quel ques plaideurs se sont servis de ses ouvrages pour appuyer leurs prétentions, ils l'ont fait mal à propos.

Son seul tort peut-être a été de croire que l'Assise elle-même avait prévu et autorisé ces démembrements. Elle suppose bien, en effet, que l'aîné peut donner une terre à son puîné et se faire rendre hommage par lui, ce qui ne peut s'entendre que d'une concession héréditaire : « *Si major juniori terram dederit de qua eum receperit in hominem...;* » mais rien ne prouve qu'il ne s'agit pas là d'une terre indépendante, d'un fief *entérin*, comme disent les Coutumes d'Anjou (3).

(1) M. de Blois, *op. cit.*, p. 197 et 198.

(2) Pierre de Bretagne, fils puîné de Jean II, prétendit avoir droit au partage du duché en propriété. Par transaction, homologuée en 1311, le duc Artur lui accorda la terre d'Avesnes, cinq mille livres de rente viagère et cinq cents livres en propriété (D'Argentré, *Histoire de Bretagne,* liv. IV, chap. xxxvi). — Autre transaction du 25 juillet 1570 : « Le demandeur en- » tendoit cognoistre les d. extractions de chevalerie et noblesse de ses » d. prédécesseurs sus alléguées et le noble gouvernement. Mais ce néant- » moins le demandeur entendoit dire que par ledit gouvernement et par » usance immémoriale gardée les juveigneurs étoient fondez d'avoir leur » afférant du tiers à jouir *par héritage* » (Archives d'Ille-et-Vilaine, fonds Hévin). Il obtint bien une terre par héritage, mais ce qu'il prit dans le fief principal, qui avait été érigé en bannière, ne lui fut donné qu'à viage.

(3) Coutume du xiiie siècle, § 1er, dans Beautemps-Beaupré, t. I, p. 70; *Établissements,* liv. I, ch. ix.

§ III. — *Mariage des filles puînées.*

Sommaire.

53. Dispositions spéciales pour les filles.
54. Elles n'ont jamais été comprises.
55. Les filles puînées reçoivent une dot, *maritagium*, en pleine propriété.
56. Elles sont *héritagères*, et non pas *héritières*.
57. Option laissée à la puînée pour le choix de son *maritagium*.
58. Erreurs commises en Bretagne sur le *maritagium*.
59. Liberté laissée au père pour la fixation de la dot.
60. Il pouvait leur donner plus que leur part.
61. Explication fournie par d'anciens textes.
62. Il pouvait aussi leur donner un « petit mariage moins qu'avenant. »

53. — Les passages de l'Assise qui concernent les frères cadets ne s'appliquent pas aux filles. Le mot *juniores* employé seul désigne les enfants mâles. C'est ce qu'indique le texte lui-même qui, après avoir réglé ou plutôt prohibé le partage *inter fratres*, s'occupe ensuite des filles : *in filiabus vero.....* Cette diversité d'expressions pour les fils et pour les filles, régis par deux séries de dispositions différentes, est restée d'usage en Bretagne. La Très ancienne Coutume ne comprend jamais les filles sous la dénomination de *juveigneurs* (1), et quand elle veut parler des deux sexes comme dans le chapitre 209, elle a toujours soin de dire : *les juveigneurs et les sœurs* (2).

54. — Le droit des filles en matière de succession n'a jamais été bien compris; l'erreur a été, on peut le dire, une tradition sur ce sujet. Les passages de l'Assise relatifs aux filles ont été l'objet de contre-sens nombreux, dont le principal porte sur le mot *maritagium;* celui-là est plusieurs fois séculaire. Les meilleurs écrivains, d'Argentré, Hévin, Daguesseau, s'y sont tour à tour trompés, et leurs méprises successives for-

(1) La même distinction se retrouve dans le Très ancien Coutumier de Normandie, *De portione fratrum*, cap. VIII; *De portione sororum*, cap. IX.

(2) Hévin, *Consultations*, p. 513; sur Frain, p. 560. — Cf. les Coutumes d'Anjou et les *Établissements :* « L'aîné doit faire avenant bienfait aux puînés et doit les filles marier » (liv. I, ch. XXVI).

ment un des incidents les plus curieux de cette longue histoire.

Pour aider le lecteur à se reconnaître dans cet *imbroglio*, je vais d'abord expliquer les deux alinéas de l'Assise relatifs aux filles tels qu'ils doivent être compris ; je donnerai ensuite quelques exemples des erreurs dont ils ont été l'objet.

55. — L'Assise n'a pas prévu d'une manière expresse le cas où il y aurait à la fois des fils et des filles, mais rien ne permet de croire que le droit des filles puînées changeât de nature par la présence des enfants mâles. Seules, ou en concours avec des frères, elles devaient toujours être traitées de la même manière (1).

Le texte ne leur reconnaît pas d'autre droit que celui d'obtenir une dot, *maritagium* (2). Cette dot devait leur être fournie sur la terre et en pleine propriété : *Juniores maritabit de terra ipsa* (3).

La terre, qui n'était pas démembrée pour les fils, l'était donc pour les filles (4).

56. — On voit qu'à proprement parler les filles puînées ne *succédaient* pas (5), pas plus que les puînés mâles. Elles rece-

(1) Je laisse de côté tout ce qui concerne la situation exceptionnelle et privilégiée de la plus âgée des filles, qui était aînée à défaut de mâles, comme on l'a vu plus haut (nº 43) ; je m'occupe exclusivement ici des filles puînées.

(2) « *Maritagium*, donatio quæ a parente filiæ fit propter nuptias » (Du » Cange, H. Vº). — « In alia acceptione accipitur dos secundum leges roma» nas, secundum quas proprie appellatur dos id quod cum muliere datur » viro, quod vulgariter dicitur *maritagium* » (Glanville, liv. III, ch. I). — En Normandie, le mot *mariage* a toujours gardé ce sens. Voy. Coutume de Normandie, art. 537 et suiv. : *Du mariage encombré*.

(3) Cf. *Très ancien Coutumier de Normandie* : « Si vero aliquis heres ali» quam habeat sororem, eam maritabit de parte terre patris sui, vel de pe» cunia, juxta posse suum, rationabiliter et in genere et in tenemento » (cap. X, nº 1).

(4) « Potest itaque quilibet liber homo terram habens quamdam partem » terræ suæ dare cum filia sua vel cum qualibet alia muliere in maritagium » (Glanville, liv. VII, ch. I). — « Tous fiefs nobles sont impartables et indivi» dus ; néanmoins, quand il n'y a que des filles, le fief de Haubert peut être » divisé » (Coutume de Normandie, art. 336). De là cette division des fiefs de Haubert en huit parties ou *membres* (Coutume de Normandie, art. 360).

(5) Cf. le Grand Coutumier de Normandie : « Les sœurs ne doivent clamer aulcune partie de l'héritage leur père contre leurs frères ne contre leurs

vaient une dot. La terre qui leur était donnée à ce titre leur était abandonnée en pleine propriété, *à héritage*. Elles étaient *héritagères*, c'est-à-dire propriétaires, quoiqu'elles ne fussent pas *héritières* (1).

Ce titre d'*héritagères* leur a été quelquefois contesté. Hélas! que n'a-t-on pas soutenu à propos de l'Assise pendant les six siècles qu'elle a duré? Paul de Volant et Gilles le Ribaud, auteurs de deux consultations reproduites dans la seconde édition des *Arrêts* de Frain, se sont imaginé qu'elles n'avaient droit qu'à une provision viagère, comme les puînés mâles. Au temps d'Hévin, de nombreux procès s'élevèrent à cette occasion (2). D'Argentré ne s'y était jamais trompé; il avait, comme dit Hévin, *touché le but* sur cette question (3).

57. — A la suite de cette première disposition sur le *maritagium* des filles, nous trouvons un autre passage qui a été encore plus mal compris (4).

Voici ce qu'il décide : Si l'on peut trouver dans la terre de l'aîné un *maritagium* qui convienne à la puînée, son aîné doit le lui donner et ne peut en disposer au profit d'une autre

hoirs, mais elles peuvent demander leurs mariages » (chap. XXVI). — *Adde* Coutume de Normandie, art. 249.

(1) Les mots *hériter, héritier, héritage* s'entendaient en Bretagne de la *propriété* et non des *successions*. « La tenue de huit jours par bans ou avenantement sans chalange suffit à faire un homme héritier en achat... » Les anciens contrats de vente disaient : Pourra l'acquéreur s'hériter et approprier... — Jean d'Ibelin disait également que le seigneur peut déshériter son homme, c'est-à-dire confisquer le fief de son vassal (chap. CXC et s.). — C'est dans ce sens que la Très ancienne Coutume dit que les filles des barons sont *héritagères,* ce qui veut dire *propriétaires* et non pas *héritières.*

(2) Hévin, *Questions féodales,* VIe consultation sur la Coutume, p. 394. — Cf. *Consultations*, p. 496.

(3) *Partages des nobles*, questions VI et XLII.

(4) Ni Hévin ni d'Argentré n'ont vu que ce paragraphe concernait l'établissement des filles; ils l'entendent des puînés mâles. Brussel est le seul qui s'en soit aperçu. — Cependant, si l'on donne au mot *maritagium* le sens que je viens d'indiquer (et il est impossible de lui en donner un autre), ce passage doit forcément s'appliquer aux filles. — Il est remarquable que l'erreur se trouve déjà dans la Très ancienne Coutume, où il est dit, au chapitre du *Partage noble,* que l'aîné doit *achater un mariage a ses jouveigneurs* (Voir le texte restitué d'après les manuscrits ci-dessous, n° 94). Les rédacteurs de la *Très ancienne Coutume* ont cru que, dans ce passage, le mot *juniores* était comme d'habitude pris au masculin.

personne : *Si autem in terra majoris maritagium aliquod accidere contigerit, quod juniori placeat, illud habebit, nec major alii conferre poterit, dum junior habere velit.*

Mais l'acceptation de ce *maritagium* est au choix de la puînée qui, si elle trouve ailleurs une terre à sa convenance, peut demander à son frère ou à sa sœur aînée de la lui acheter : *Quod si habere noluerit, et alibi invenerit, major frater ei de rebus et catallis* (1) *suis perquirat...*

Le tout sera d'ailleurs réglé au mieux des intérêts de chacun par une sorte de conseil de famille : *Pro posse suo, cum consilio propinquorum amicorum* (2).

58. — Veut-on savoir maintenant comment ces deux passages de l'Assise ont été compris? On traduisait *maritagium* par *mariage* dans le sens d'union, comme s'il y avait eu *matrimonium*. D'Argentré, Hévin, Daguesseau, Brussel, M. de Blois, Laferrière, tous l'ont tour à tour entendu ainsi. Voici la traduction d'Hévin : « Si dans l'étendue de la Seigneurie de » l'Aisné, il se rencontre *quelque party avantageux* que le » puisné désire avoir en mariage, il l'aura..., et s'il n'y avoit » pas d'*inclination* et trouvast ailleurs *un party plus sortable,* » son frère aisné... le lui procurera, etc... (3). »

(1) Signalons, en passant, une erreur de d'Argentré sur le mot *catallis,* qu'il avait lu *castellis* et traduisait par *châteaux.* Sur quoi Hévin triomphe, déploie toute son érudition pour fixer le sens de *catallum,* et se laisse aller à dire que d'Argentré a si mal entendu ce passage « qu'il en fait pitié » (*Consultations,* p. 528). — Hévin ne se doutait pas que lui-même, malgré tout son savoir, aurait besoin d'autant de *pitié* pour ses propres contre-sens.

(2) Le système suivi en Normandie ne paraît pas avoir été le même qu'en Bretagne, au moins dans les commencements. Le Grand Coustumier, dans son chapitre XXVI, et la Coutume de 1583, dans ses articles 250 et 251, permettaient au père et à son défaut au frère aîné de marier la fille de meubles ou d'héritages à leur volonté. Ce ne fut que beaucoup plus tard que l'option fut accordée à la fille qui put alors, à son choix, demander son mariage en terres ou se le faire payer en deniers par estimation (Règlement de 1666, art. 47).

(3) Hévin, sur Frain, p. 531-532. — Hévin aurait dû s'apercevoir de son erreur. Dans ses notes manuscrites aux archives d'Ille-et-Vilaine se trouve un fragment de l'Assise emprunté au *Chronicon Briocense,* copié de sa main, et dans lequel le mot *maritagium* reçoit sa véritable signification. Le *Chronicon* ajoute, en effet : *scilicet domus vacans.* Comment ce passage a-t-il pu passer sous ses yeux sans être pour lui un trait de lumière?

D'Argentré, remarquant que l'Assise défend à l'aîné de disposer du *maritagium* au profit d'un autre, tant que sa sœur ne l'a pas définitivement refusé, avait cru que l'Assise avait voulu parler du droit de choisir un mari avec le consentement du seigneur, ce qui lui fait dire : « Cest article, si bien on en » peut tirer l'intelligence en la dépravation de la lettre, n'a » été pratiqué, comme aussi ne contient-il disposition que » d'expédient et de bienséance, et de chose qui ne peut tom- » ber en commerce, négotiation, ny commutation (1). »

Enfin M. de Blois, renchérissant encore sur ses prédécesseurs, déplore cette disposition « qui révèle si peu d'é- » gards pour les jeunes héritières! » Il se déclare « surpris » de la trouver dans une loi qui suppose que l'union et l'es- » prit de famille occupaient une si grande place dans les » mœurs (2). »

En vérité, c'est à n'y pas croire. Le sens véritable du mot *maritagium* n'était cependant pas difficile à trouver. Le voisinage de la Normandie devait avertir nos Bretons (3), et en Bretagne même on en trouverait de nombreux exemples (4).

59. — L'Assise ne prévoit que le cas où les filles sont encore à marier au moment de la mort du père; c'est à l'aîné que revient alors la charge de les établir, et il doit le faire d'une manière équitable, *ad consilium domini et propinquorum generis*.

Mais pour celles qui ont été mariées du vivant du père et

(1) *Partage des nobles*, col. 2165-2166.

(2) *Bulletin archéologique de l'Association bretonne*, 1852, t. IV, p. 189.

(3) A ce point de vue, le chapitre LXXX du *Très ancien Coutumier de Normandie* est surtout remarquable; les mots *matrimonium* et *maritagium* y sont pris très exactement, chacun dans son sens propre. — Cependant le *Grand Coustumier* semble confondre les deux choses dans le chapitre XXVI : « Ma- » riage avenant est se elle est mariée à convenable personne selon son lignage » et ses possessions. »

(4) « Facere et tradere sorori dictæ uxori minori *maritagium* suum super his quæ ipsis Petro et uxori suæ de feodo de Porhoët remanent possidenda » (Obligation contractée par Pierre de Chemillé, D. Morice, *Preuves*, t. Ier, col. 917); — « *Dedi in maritagium...* » (Dot de Thomase de Pouancé, *ibid.*); — « Le père peut faire assiette du *mariage* de ses filles...; » T. A. C., chap. CCX; A. C., art. 404; N. C., art. 422. — Dans les textes bretons comme dans les textes normands, le *maritagium* est donc ce que la femme reçoit de sa famille quand elle se marie.

par lui, leur *maritagium* reste irrévocablement fixé à ce qu'elles ont reçu. Et le rôle du père, que nous avons vu si effacé quand il s'agissait de déterminer la part des puînés mâles, devient au contraire prépondérant pour la fixation du *maritagium* des filles.

Il peut, à son plaisir, avantager sa fille en la mariant ou lui donner un petit mariage moins qu'avenant. Ici encore, dans cette latitude laissée au père qui les marie, le droit des filles nous apparaît profondément différent de celui des enfants mâles.

60. — Le père pouvait d'abord avantager ses puînées. La Très ancienne Coutume s'en explique formellement : « Le pere » qui est gientil homme et de noble sang pout marier ses » filles et les aparagier, et ce que il leur donra son principal » hoir ne le pout debatre, si le pere ne le grevoit en oultre » sa testée si comme tout le fié estoit partable (1). »

Les manuscrits d'Hévin nous en donnent un exemple : « Contrat de mariage par lequel nobles personnes messire » Thomas de Quebriac, chevalier, seigneur de Quebriac, et » dame Marie de Fontenay, sa compagne..., pour parvenir » au mariage de noble dame Jeanne de Quebriac, leur fille » aisnée, avec noble homme messire Bertrand de Montbou- » chier, chevalier, seigneur du Bordage, ont voulu advantager » leur dite fille et sa portion accroistre, ainsy que si tous leurs » heritages et richesses fussent partables, pour lequel advan- » cement ils lui baillent les terres de T...., sauf le droit de » jouveignerie à lour hoir, selon la coustume... En presence » de Thomas de Quebriac, leur fils aisné, 13 juillet 1435 (2). »

Cette faculté d'augmenter la dot des filles a toujours appartenu au père, dût-il en le faisant amoindrir la part de son aîné. Elle remonte au moins au XIIe siècle, car nous la trouvons déjà dans Glanville : « Potest itaque quilibet liber

(1) Ch. CCX. — Cf. Coutume d'Anjou : « Gentil home puest bien doner à sa » fille plus grant mariage que avenant » (§ 2, Beautemps-Beaupré, t. Ier, p. 70; *Établissements*, l. I, § XI). — Le Coutumier d'Artois exige, au contraire, que le gentilhomme qui veut faire avis ou don à ses filles « pour elles marier, » obtienne « le gré et l'assentement de son ainsné hoir » (Tit. XXXVII, édit. Tardif).

(2) Archives d'Ille-et-Vilaine, Fonds Hévin, *Glossaire*, Registre de parchemin, f° 24, v[o].

» homo terram habens quamdam partem terræ suæ cum filia » sua vel cum qualibet muliere dare in maritagium, sive ha- » buerit heredem, sive non, velit heres vel non, imo et eo » contradicente et reclamante (1). »

61. — Le chapitre CCX de la *Très ancienne Coutume* fonde sur une espèce d'appropriement le droit pour la fille largement dotée de conserver ce qu'elle a reçu : « Et ce que le pere lour » donne quant ils l'ont tenu an et jour paciamment pour leur » mariage, ils n'ont que faire de leur en respondre a james, » quar par la coustume ils se povent deffendre par le titre de » leur donnaisson et de leur tenue, et auxi suffist en autres » chouses (2). » On peut rapprocher de ce texte un fragment rapporté par Du Cange dans ses *Notes* sur le chapitre XI des *Établissements* : « Pater dat filio desavenans maritagium; » moritur pater relicto filio infra ætatem; qui filius tacet per » annum et diem postquam pervenerit ad ætatem legitimam. » Postea conqueritur contra sororem suam et maritum ejus » de maritagio desavenanti. Quæritur an possit (3)... »

Un fragment du *Très ancien Coutumier* de Normandie est également conçu dans le même esprit : « Si autem pater in » vita sua portionem dividat liberis suis et unusquisque por- » tionem suam longo tempore tenuerit patre vivente, post de- » cessum patris non tenetur (4). »

62. — En sens inverse, et ceci devait être plus fréquent, le père pouvait marier sa fille à moindre part, lui donner *un petit mariage, moins qu'avenant* (5) : Et auxi se il lour donnoit » mains que lour droit, ne devroient elles plus avoir (6). » La Très ancienne Coutume n'y met qu'une condition, c'est que la fille doit être suffisamment *aparagiée*, c'est-à-dire mariée selon sa condition, sans mésalliance.

(1) Glanville, liv. VII, chap. 1er.

(2) Bibliothèque de la ville, à Rennes, MS 182 (Catalogue Maillet, no 70).

(3) Premier registre de Jean de Saint-Just en la Chambre des Comptes de Paris (Viollet, *Établissements*, t. III, p. 259).

(4) *Très ancien Coutumier*, cap. X, no 2.

(5) On peut voir sur ce petit mariage moins qu'avenant les notes de Laurière reproduites par M. Viollet, dans son édition des *Établissements*, t. III, p. 258 et suivantes, et les *Annotations* d'Hévin sur Frain, II, p. 868 à 875.

(6) Chap. CCX, T. A. C.

§ IV. — *Dispositions secondaires de l'Assise.*

SOMMAIRE.

63. Deux cas particuliers étaient en outre prévus par l'Assise :
64. Premier cas : Bail de la terre de l'aîné en cas de mort avec enfants mineurs.
65. Second cas : Décès d'un juveigneur sans postérité. Distinction faite par l'Assise pour le retour de sa terre.
66. La décision de l'Assise n'a été comprise ni par d'Argentré, ni par Hévin.
67. Explication fournie par Glanville : incompatibilité des deux qualités d'héritier présomptif et de seigneur féodal.
68. Origine de la tenue en parage; comparaison avec la convention royale de 1209 (1210).

63. — Outre les dispositions qui viennent d'être analysées, l'Assise contenait encore deux autres décisions. A vrai dire, elles portaient sur des points secondaires et, quoiqu'elles aient disparu de bonne heure, le système successoral organisé par Geffroi ne se trouva pas modifié dans ses grandes lignes; néanmoins l'intérêt qu'elles présentent est encore considérable, car elles jettent un jour très vif sur certaines particularités oubliées du régime des fiefs.

Elles concernaient deux hypothèses différentes : le décès de l'aîné laissant des enfants en bas âge; le décès d'un puîné sans postérité.

On va voir, dans les décisions de l'Assise sur ces deux hypothèses, deux importations des principes anglo-normands, et c'est là surtout que s'accuse son origine étrangère.

64. — *Premier cas : Mort de l'aîné laissant des enfants mineurs.* — Il y avait, dans ce cas, à régler le *bail* ou administration de la terre pendant la minorité des enfants de l'aîné.

L'Assise décide qu'en principe cette administration ou *baillie* appartient au plus âgé des puînés survivants : *Frater major post eum balliam habebit.* — S'il ne lui reste pas de frère, l'aîné peut, avant de mourir, léguer le bail à l'un de ses amis, pourvu que son choix soit approuvé par le seigneur : *Ille de amicis balliam habeat cui decedens cum assensu domini eam voluerit commendare.*

Nous verrons bientôt quels abus sont sortis de cette espèce de contrôle du duc sur le choix des baillistres (1).

65. — *Second cas : Décès d'un juveigneur sans postérité.* — On a vu plus haut que, malgré l'interdiction de démembrer la terre, le puîné recevait fréquemment un lot en pleine propriété, et cela pouvait même arriver sans qu'il y eût de démembrement, lorsque le père possédait plusieurs terres indépendantes.

Lorsque le juveigneur venait à mourir sans enfants ou lorsque sa postérité s'éteignait, la question s'élevait de savoir à qui sa terre devait être attribuée. A défaut d'héritiers directs devait-elle revenir à l'aîné?

L'Assise distinguait :

Si l'aîné n'avait pas exigé que le juveigneur lui rendît hommage quand il lui avait baillé partage, rien ne l'empêchait de reprendre la terre qu'il avait donnée à son puîné; elle se consolidait à la sienne : *ad majorem fratrem hereditas revertetur.*

Mais s'il avait pris son juveigneur *à homme de foy*, ce n'était plus à lui, c'était au seigneur de ligence, *ad principalem dominum*, que la terre faisait retour, toutes les fois que le juveigneur n'en avait pas disposé par testament : *Si sine hærede obierit, alicui de propinquis cui voluerit eam dabit, ita quod ad principalem dominum non redeat.* De cette façon l'aîné se trouvait exclu, que son frère eut testé ou non.

En Normandie, la même exclusion paraît avoir été prononcée contre l'aîné qui s'était fait rendre hommage par son puîné, comme le constate le passage suivant (2) : « Se li freres » done à son frere, ou la suer à sa suer, ou li cousins à son » cosin, partie de terre, et il em prant homage, se cil qui en » a fet homage muert sanz oirs, li heritage ne revendra pas à » la table au segneur dont il parti, mes a prochiens paranz ou » cosins (3). »

(1) Ci-dessous, n° 70.

(2) Brunner (*Das Anglonormannische Erbfolgesystem*) a signalé ce passage en le rapprochant de l'Assise de Geffroi, mais sans indiquer le rapport de filiation qui existe entre l'Assise bretonne et les coutumes anglo-normandes, et sans se douter des difficultés et des réformes que cette règle d'incompatibilité a soulevées en Bretagne.

(3) *Très ancien Coutumier*, cap. XXXIV.

66. — Cette disposition a beaucoup étonné les écrivains bretons. D'Argentré n'a pu se résoudre à l'accepter. Il lisait d'ailleurs dans l'exemplaire de Léon : *ad principalem heredem* (1), d'où il concluait que la terre devait revenir dans tous les cas à l'*hoir principal,* c'est-à-dire à l'aîné. Son erreur est manifeste, car tous les autres exemplaires portent *ad principalem dominum,* termes qui désignent le seigneur de ligence, le *chef seigneur,* comme dit la vieille traduction de l'Assise. Pour désigner l'aîné, le texte se sert toujours du mot *major,* et l'emploie même deux fois dans notre paragraphe. D'ailleurs d'Argentré aboutit à supprimer la distinction faite par l'Assise, car il donne la même solution dans les deux cas, l'aîné reprenant toujours le lot du juveigneur qui meurt sans hoir et sans en avoir disposé. Enfin, la décision de l'Assise sur ce point a été corrigée en 1275 par Jean le Roux, ce qui ne laisse aucun doute sur son sens véritable.

Hévin, qui a fort bien réfuté d'Argentré à cette occasion (2), ne propose aucune autre explication. Il s'étonne que le seul fait de s'être fait rendre hommage par son puîné en lui baillant partage fasse perdre à l'aîné le bénéfice des droits du sang, et que, contrairement à l'ordre naturel de succéder, ce soit un étranger, le seigneur-lige, qui recueille la terre du juveigneur, « ce qui a, dit-il, un fondement difficile à découvrir (3). »

67. — Un passage de Glanville va nous montrer que cette décision de l'Assise, qui a tant tourmenté les auteurs bretons, n'était ni un caprice ni une bizarrerie, mais l'application pure et simple d'un grand principe du droit anglo-normand.

Le grand justicier de Henri II raisonne sur une hypothèse toute voisine de la nôtre. Un père a donné une terre en fief à son puîné. « Aliquis miles... quatuor vel plures habens filios » ex eadem matre omnes legitime procreatos, et uni eorum, » verbi gratia prius nato post heredem, quamdam partem

(1) Les expressions *capitalis heres, principalis heres,* étaient souvent employées pour désigner l'aîné : « *Ballum usque ad legitimam ætatem capitalis heredis* » (Acte de 1263, D. Morice, *Preuves,* t. I, col. 989) ; « heir principal » (*ibid.*, col. 1071) ; « fils aîné et principal heir » (*ibid.*, col. 1032).

(2) Hévin sur Frain, p. 538.

(3) Hévin sur Frain, *ibid.*

» rationabilem de hereditate sua, cum consensu etiam here-» dis sui (ne super hoc fieret contentio), hereditabiliter do-» nat... (1). » Ou bien, ce qui s'en rapproche encore davantage, c'est le frère aîné qui consent cette inféodation à son puîné, « cum quis fratri suo post nato portionem terre sue » hereditabiliter concedit et donat (2). » Puis le frère ainsi partagé meurt sans laisser d'héritiers, « quo defuncto sine herede de corpore suo exeunte... » De là la question de savoir si le père ou le frère aîné pourront recueillir cette part vacante. Cette question, nous dit Glanville, était de nature à se présenter souvent : « Juris quidem quæstiones in hujus modi donationibus sæpius emergunt. » Et que décide-t-il? Il écarte le père et le frère aîné, et donne la terre du juveigneur décédé au troisième frère. La solution sans doute n'est pas la même que celle de notre Assise qui fait revenir la terre au chef seigneur ; mais le motif mérite d'être remarqué : *Quia generaliter verum est secundum jus regni, quod nemo ejusdem tenementi simul potest esse heres et dominus.*

Il y avait donc incompatibilité entre les deux qualités de seigneur féodal et d'héritier présomptif d'une même terre (3). C'était une règle générale du royaume que les Plantagenets se bornaient à introduire en Bretagne. Mais si elle convenait à une féodalité artificielle comme celle de l'Angleterre, elle heurtait trop directement les habitudes et les idées bretonnes, et moins d'un siècle plus tard elle était abrogée.

68. — Cette impossibilité où se trouvait l'aîné de se faire rendre hommage par ses juveigneurs, s'il voulait conserver l'espoir de leur succéder, fut l'origine du parage, genre spécial de tenure qui dispensait le juveigneur et ses héritiers, tant que le parage durait, de rendre hommage à l'aîné ou à ses représentants. « Et hæc est quidem causa quare de tali » maritagio non solet recipi homagium. Si enim sic esset do-» nata terra aliqua in maritagium vel alio modo quod inde » reciperetur homagium, tunc nunquam de cetero ad donato-

(1) Glanville, liv. VIII, chap. I, édition Houard, p. 465.

(2) *Ibid.*, p. 466.

(3) M. Glasson, résumant les doctrines de Glanville, a touché à ce principe du droit féodal anglais, mais sans s'y arrêter (*Histoire du droit et des institutions de l'Angleterre*, t. II, p. 279).

» rem vel ejus heredes licite posset reverti, ut supradictum » est (1). » Ce que Glanville dit ici du *maritagium* des filles s'applique tout aussi bien au cas où les puînés obtiennent en pleine propriété soit une part du fief, soit une terre indépendante. L'aîné renonçait à l'hommage pour se réserver le droit de retour; puis quand la parenté s'effaçait, le parage cessait, et les successeurs du juveigneur rendaient hommage aux successeurs de l'aîné.

Ce qu'on avait voulu en établissant cette incompatibilité, c'était d'empêcher autant que possible les parts des juveigneurs et des filles de passer à l'état d'arrière-fiefs. La convention passée en 1209 (2) entre Philippe Auguste, le duc de Bourgogne, le comte de Nevers et quelques autres, pour interdire aux aînés de se faire rendre hommage par leurs puînés avait le même but. Quoiqu'elle soit arrivée à un résultat différent, parce qu'elle s'appliquait à des provinces qui ne pratiquaient pas l'indivisibilité des terres, au fond l'idée-mère était la même, et les Coutumes de l'Ouest sont à cet égard moins éloignées de la Coutume de Paris qu'elles en ont l'air.

CHAPITRE IV.

Modifications successives du régime primitif.

69. — On s'est toujours exagéré le nombre et l'importance des modifications qui furent apportées dans la suite au régime de l'Assise. A la vérité, nous ne connaissons que celles qui furent faites par l'Assise de 1275 et par la réformation de la Coutume en 1580. Un autre changement, que la tradition attribuait à Jean II, fut probablement le résultat de l'usage. Tout le reste est imaginaire. On reste confondu quand on lit d'Argentré ou M. de Blois des revirements étranges dont ils nous racontent l'histoire; avec un peu de critique toutes ces péripéties disparaissent.

(1) Glanville, liv. VII, chap. XVIII.

(2) « Quidquid tenetur de domino ligie vel alio modo, si contigerit per » successionem heredum vel quocumque alio modo divisionem inde fieri, quo-

§ I. — *Réformes de 1275.*

SOMMAIRE.

70. Comment, grâce à l'Assise, les ducs étaient parvenus à s'emparer du bail des mineurs.
71. Réclamations contre cet abus au temps de Pierre Mauclerc.
72. Transactions isolées suivies d'une mesure générale.
73. Les *Lettres de mutation du bail en rachat* (1275); renseignements bibliographiques.
74. Caractères de cette Assise.
75. En quoi elle a modifié l'Assise de Geffroi.
76. L'exemple du duc est suivi par les barons.
77. Autre réforme contenue dans l'Assise de 1275.

70. — L'Assise avait permis au vassal de désigner lui-même le baillistre de ses enfants pour le cas où ils seraient encore mineurs au moment de sa mort, mais elle l'obligeait pour cela à obtenir le consentement du seigneur.

Cette disposition a été le point de départ d'une série d'incidents qui remplissent l'histoire de Bretagne pendant plus d'un siècle. Comme le dit fort bien Hévin : « Il estoit difficile de » satisfaire là-dessus le seigneur, qui rejettoit celuy auquel » appartenoit naturellement la tutelle comme plus proche, pré- » textant ou qu'il estoit d'un party contraire au sien et qu'il » y avoit du péril de le laisser entrer dans le château de » son vassal, ou qu'il n'estoit pas assez brave de sa per- » sonne... (1). » Prenant comme prétexte les besoins du service militaire, les ducs cherchèrent à s'emparer du bail des mineurs, « pour entretenir des chevaliers qui servissent pour eux. » Comme cette administration donnait au baillistre tous les revenus du fief jusqu'à la majorité de l'héritier, sous la seule condition d'entretenir le mineur et de payer les dettes de son père, ils trouvaient là un moyen commode de se procurer de riches revenus pour de longues années.

» cumque modo fiat, omnis qui de illo feodo tenebit, de domino principaliter » et nullo medio tenebit, sicut unus antea tenebat prius quam divisio facta » esset » (*Collection du Louvre*, t. I, p. 29 ; Isambert, t. I, p. 203).

(1) Hévin sur Frain, p. 528.

« Ce qu'il y avait d'étrange dans ce brigandage, dit D. Lo-
» bineau, c'est qu'ils négligeaient l'entretien et l'éducation des
» mineurs, ne satisfaisaient point aux dettes de leur père et
» n'accomplissaient pas ses dernières volontés, si bien que
» quand les mineurs arrivaient à l'âge de vingt et un ans, ils
» se trouvaient chargés de dettes, sans armes et sans éduca-
» tion (1). »

La première de ces usurpations dont nous ayons gardé le souvenir fut commise par la duchesse Constance, veuve de Geffroi, qui s'empara du bail d'Hervé, prévôt de Lamballe (2). Mais il est bien possible que la responsabilité remonte plus haut, peut-être à Geffroi, peut-être à Henri II, au temps où il gouvernait la Bretagne au nom de son fils. Il dut chercher à introduire en Bretagne un privilège dont il jouissait en Normandie (3), et ce que nous savons de ses habitudes rend cette hypothèse fort vraisemblable.

71. — L'exemple qu'avaient donné les Plantagenets ne fut pas perdu pour leurs successeurs, et Pierre de Dreux sut habilement se servir de l'arme que l'Assise lui avait mise aux mains. Sous son règne les abus se multiplièrent tellement qu'il eut à soutenir plusieurs guerres contre ses barons révoltés, et c'est lui surtout que les contemporains accablèrent de leurs malédictions.

L'écho de leurs plaintes s'est conservé dans une grande enquête faite à ce sujet à Saint-Brieuc, en 1235 (4). Les dépositions des témoins se répètent à peu près toutes dans les mêmes termes et sont unanimes à constater l'ancien usage de Bretagne, *quod nullus debet habere balliam in Britannia nisi propinquior genere* (5). Pour eux, c'est Pierre Mauclerc qui

(1) D. Lobineau, *Histoire de Bretagne*, t. I, p. 272; D. Morice, *Histoire de Bretagne*, t. I, p. 206.

(2) D. Lobineau, *op. cit.*, t. I, p. 271; D. Morice, *op. cit.*, p. 205.

(3) « Statutum est orphanum esse in custodia ejus qui patri orphani fide » connexus fuerat per homagium et ligatus. — Quis est ille? — Dominus » terre... » (*Très ancien Coutumier de Normandie*, cap. XI, n° 1).

(4) *Communes petitiones Britonum et inquisitio facta super eisdem apud S. Briocum et testes ad hoc producti anno* 1235 (D. Lobineau, *Preuves*, col. 383; D. Morice, *Preuves*, t. I, col. 885 et s.).

(5) C'était la règle générale du droit français. « Bailliage ne doit nul avoir, si le fié ne li puet escheir, » disaient les *Assises de Jérusalem;* règle fort

est coupable de tout. « Petunt communiter quod balla Britanniæ et pravæ consuetudines quæ comes Britanniæ levavit » in suo tempore removeantur a terris et feodis suis. Dicunt » enim quod ante tempus istius comitis nunquam habuerat » comes Britanniæ ballum vel rachatum de terris hominum » suorum... Dicunt quod ante tempus istius comitis solent » libere facere testamenta, et disponebant de terris suis et de » custodibus heredum suorum absque contradictione comitis » Britonum. » Cette dernière phrase est une allusion très claire à l'Assise et la confirmation de ce que j'avançais tout à l'heure; nous surprenons là dans un document contemporain le moyen détourné qu'employaient les ducs pour s'emparer du bail des mineurs.

72. — Les barons, obligés de subir les exigences de leur seigneur le duc, se dédommagèrent en prenant à leur tour le bail de leurs vassaux; mais les réclamations devinrent si nombreuses, que ducs et barons furent obligés de renoncer à leur prétendu droit.

Dès la première moitié du XIIIe siècle des transactions intervinrent. Pierre de Dreux et son fils firent remise de leur droit de bail aux seigneurs de Vitré, d'Acigné et de Combourg, en 1237; au baron de Fougères, en 1239 (1). A ces exemptions individuelles succéda plus tard une mesure générale; le *bail* fut remplacé par le *rachat*. C'était une sorte d'abonnement : au lieu de gagner les fruits jusqu'à la majorité de l'héritier quand celui-ci était mineur, ce qui n'arrivait pas toujours, le duc n'eut plus droit qu'aux revenus d'une seule année, mais il y eut toujours droit, quel que fût l'âge de l'héritier.

73. — Cette première réforme de l'Assise de Geffroi fut faite dans une autre Assise promulguée à Nantes par Jean Ier dit le Roux, fils de Pierre Mauclerc, en 1275 (2).

naturelle et qui remonte à une haute antiquité; le droit romain l'appliquait déjà à la tutelle des agnats.

(1) D. Morice, *Preuves*, t. I, col. 903 et 910; Hévin sur Frain, p. 552. — Hévin mentionne, en outre, une transaction de 1215 entre Pierre Mauclerc et le sire du Palais; mais il a commis une erreur : l'acte dont il parle est celui qui fut consenti en 1315 par le sire du Palais et que j'indique un peu plus loin, n° 76, en note. Ses notes manuscrites ne laissent aucun doute à cet égard : cette convention y est transcrite avec la fausse date qu'il lui attribue.

(2) « Ce fut fait à Nantes, le sabmadi avent la feste sainct Cler en l'an de

Quelquefois, comme dans l'édition de la Très ancienne Coutume publiée à Paris en 1480, on la trouve intitulée : *Establissement du duc de Bretaigne sur le fait des iuveigneurs et des aysnez et correction de l'establissement du comte Geffroy;* elle est plus connue sous le nom de *Lettres de mutation du bail en rachat.*

D'Argentré, Hévin, D. Lobineau, D. Morice en ont publié le texte entier (1). On la trouve également au milieu d'un recueil de constitutions ducales et de fragments qui sert de complément à la Très ancienne Coutume dans la plupart des éditions anciennes, dans celle de Sauvageau (2), et dans beaucoup de manuscrits.

Les originaux font aujourd'hui partie du Trésor des ducs (3) aux archives de la Loire-Inférieure (4).

74. — Cette Assise n'est pas plus un texte législatif que celle de Geffroi (5). C'est un *convenant*, c'est-à-dire un traité entre le duc et un certain nombre de barons. D. Lobineau donne les noms de ceux qui l'acceptèrent (6). Parmi ceux qui s'y refusèrent, Hévin signale le baron de Fougères et les évê-

l'incarnacion de Nostre Seigneur mil ij^cc LXXV » (Bibliothèque de la ville, à Rennes, MS. 184, f° 161, r°).

(1) D'Argentré, *Histoire de Bretaigne*, liv. IV, ch. XXVI, f° 249, édition de 1588; Hévin, *Annotations* sur Frain, p. 550; D. Lobineau, *Preuves*, col. 424; D. Morice, *Preuves*, t. I, col. 1037. — Cf. D. Morice, *Histoire*, t. I, p. 206; Hévin, *Consultations*, p. 515.

(2) Sauvageau, *La très ancienne Coutume de Bretaigne*, Nantes, 1710. Les *Lettres* de 1275 se trouvent à la page 58 du recueil de constitutions qui termine le volume.

(3) Le *Trésor des chartes* du duché, qui était conservé au château de Nantes, est le fonds historique le plus précieux des archives de Bretagne; il ne comprend pas moins de 4090 pièces originales, allant de 1030 à 1514. Il fut sauvé par le hasard pendant la Révolution. Le château de Nantes, transformé en arsenal, dévorait une quantité effroyable de parchemins pour la confection des gargousses. Un jour des commissaires firent une descente dans la salle des archives, mais devant les portes des armoires qui contenaient le *Trésor* étaient entassées des barriques remplies de sous démonétisés qui attendaient la refonte. Cet obstacle imprévu arrêta les délégués qui ajournèrent leur opération et ne revinrent jamais (L. Maitre, *Inventaire sommaire des archives de la Loire-Inférieure*, t. III, préface, p. III).

(4) Série E, liasse 151.

(5) Voir ci-dessus, n° 21.

(6) *Histoire de Bretagne*, t. I, p. 272; t. II, col. 426.

ques de Quimper et de Nantes pour leurs regaires (1) ; il résulta de ce refus que le bail seigneurial s'exerça longtemps encore en Bretagne sur certaines terres. Dans l'évêché de Nantes, il ne fut aboli qu'au XVIIe siècle par Guillaume de Cospéan (2).

On a quelquefois rapproché l'Assise de Geffroi de la grande charte du roi Jean (3) ; je ne crois pas le rapprochement fondé. La nature de ces deux actes est profondément différente ; Geffroi traitait en maître avec ses barons, tandis que Jean sans Terre capitulait devant les siens. S'il y a un acte breton qui puisse se comparer à la grande charte, c'est l'Assise de 1275 : par elle Jean le Roux abandonnait en partie les prétentions de son père, comme Jean sans Terre renonçait à celles de Henri II par la grande charte. Mais quelle différence dans leur importance relative et dans leurs destinées !

75. — De tous les auteurs qui ont écrit sur la matière, il n'y a guère qu'Hévin qui se soit aperçu de cette première atteinte portée à l'Assise, et encore l'a-t-il fait en passant et sans marquer d'une manière bien exacte la nature du changement (4). En abolissant le bail on ne modifiait pas directement l'Assise, car l'Assise ne l'avait pas établi, mais seulement un droit de *contredit* sur le choix du baillistre. C'était de là qu'étaient sortis tous les abus : la suppression du bail entraînait la suppression de cette espèce de *veto ;* ce qui fut fait en ces termes : « Et est assavoir que cil qui mourra puet lesser la garde de » ses enffanz et de ses biens a celui qui li plaira sans contredit » que nous ne noz hoirs y puissions mettre... Et si ainxin advenoit qu'il ne fist testament ou devise, les amys prochains » au mort peuvent ordrener des fruicts et des yssues de la » terre et des biens au mort au proufit des hoirs et de l'âme » au mort, sans contredit que nous ne noz hoirs y puissions » mettre, ceste convenance tenant. »

(1) Hévin sur Frain, p. 551.

(2) Hévin, *ibid.* — Des lettres patentes avaient été expédiées dans ce but dès 1571, mais faute de vérification elles restèrent inutiles jusqu'en 1634, époque où le sieur de Cospéan en obtint de nouvelles. On trouve les unes et les autres dans D. Lobineau (*Preuves*, col. 1625 et 1626).

(3) M. Laferrière, *Histoire du droit français*, t. V, p. 588.

(4) Hévin, *Consultations*, p. 516.

76. — De leur côté, les barons accordèrent des remises du même genre à leurs vassaux. D. Morice nous en a conservé un certain nombre dans le tome premier de ses *Preuves* (1).

77. — L'Assise de Jean le Roux contient encore une autre réforme, mais comme elle rappelle elle-même à ce propos le texte qu'elle corrige, sa relation avec l'Assise de Geffroi n'a pu échapper à personne.

Ce passage est ainsi conçu : « Et voulons encore, en tant » comme a nous et a noz hoirs apartient, que si aucun des » aisnez prant son jouvaignour à homme et iceli jouvaignour » meurt sans hoir de son propre corps, que par l'Assise au » comte Geffroy ne remaigne pas que la terre ne tournege a » l'aisné ou à l'hoir de l'aisné, sauf l'ordrenance resnable (2) » au jouvaignour. »

Désormais la terre donnée au puîné, même à titre héréditaire, à foi et hommage, devait retourner à l'aîné quand la branche cadette venait à s'éteindre. L'ancienne incompatibilité entre les deux qualités d'héritier présomptif et de seigneur féodal, que Glanville signalait un siècle auparavant comme une des règles fondamentales du droit anglo-normand, était donc supprimée. Elle l'a si bien été qu'on en chercherait vainement la trace dans les textes postérieurs : les feudistes les plus érudits, les Hévin, les Laurière, ne s'en sont même pas doutés.

D'ailleurs Glanville lui-même, dans le chapitre dont j'ai rapporté quelques fragments, nous apprend que de son temps

(1) Remise consentie par Hervé de Léon à Silvestre de Coetmor, en 1260 (*Lo Co.*, col. 977). — Deux autres actes de 1263 relatifs au bail de la même terre (*ibid.*, col. 988 et 989). — Remise par Alain de Rohan à son sénéchal Olivier, en 1264 (*ibid.*, col. 992). — Remise par le sire de Guéméné-Guegamp à Guillaume et Henri de Bocdinon en 1276 (*ibid.*, col. 1041). — Remise par Olivier de Montauban à ses vassaux nobles, en 1280 (*ibid.*, col. 1055). Cette dernière est conçue dans des termes identiques à ceux des *Lettres* ducales de 1275. — Changement du bail en rachat accepté par le seigneur du Palais en 1315 (D. Lobineau, *Preuves*, col. 468 ; D. Morice, *Preuves*, t. I, col. 1258.

(2) *Ordrenance* signifie *testament*, *ordinatio; inordinatus* se prenait pour *intestatus*. Quant au mot *resnable*, il fait allusion aux legs pieux sans lesquels on mourait déconfès et privé de sépulture en terre sainte (Laurière, *Glossaire* vo *Exécuteur testamentaire;* Du Cange, *Glossarium*, vo *Legatum*, 1 ; Montesquieu, *Esprit des loix*, liv. XXVIII, ch. XLI).

on y dérogeait quelquefois par équité : « Aliquando tamen » super hoc ultimo casu in curia Domini regis, de consilio » curiæ ita ex æquitate consideratum est quod terra sic do- » nata filio primogenito remaneat (1). »

On la trouvait donc déjà trop dure pour l'aîné, et il est bien probable qu'on y dérogeait dans la pratique par des conventions particulières.

§ II. — *Le partage à viage; pseudo-ordonnance de Jean II.*

Sommaire.

78. Ancienne tradition bretonne sur l'ordonnance de Jean II.
79. Guillaume Macé, auteur de la découverte; conjectures d'Hévin.
80. Recherches de d'Argentré.
81. Ce que c'est que cette prétendue ordonnance.
82. Inutilité des controverses qu'elle a soulevées.
83. Qu'il n'y a jamais eu d'ordonnance de Jean II; discussion de cette hypothèse nouvelle.
84. Il y a cependant eu un changement dans les successions nobles, et cette tradition erronée peut servir à le démontrer.
85. Organisation du partage à viage.
86. Fixation au tiers de la part des puînés.
87. Partage exceptionnel, sans limitation de quote.
88. En quoi le partage à viage dérogeait à l'Assise.
89. Exemples de transformation du viage des puînés en concession définitive.

78. — On croyait autrefois en Bretagne qu'une seconde ordonnance portant correction de l'Assise avait été faite du temps de Jean II; on croyait même en posséder le texte.

Il en est question dans le chapite CCIX de la *Très ancienne Coutume :* « Et il est entendu que les jouvaignours n'auront » en plus que les moz de l'Assise, si ce n'est tant comme le » duc Jehan pere au duc Artur la corrigea. »

Ce duc Jehan, père au duc Artur, c'est Jean II qui posséda le duché de 1286 à 1305 (2). En quelle année, pourquoi et

(1) Glanville, liv. VI, chap. I; Houard, *Coutumes anglo-normandes*, t. I, p. 467.

(2) Il périt à Lyon au milieu d'une procession dans des circonstances tragiques. Le pape Clément V venait de se faire couronner, et Jean II, pour lui faire honneur, conduisait lui-même par la bride le cheval du pape, quand

dans quelle mesure corrigea-t-il l'Assise de Geffroi? Si l'on avait posé la question à d'Argentré ou à Hévin, ils n'auraient pas hésité à répondre que la réforme de Jean II avait eu lieu en 1301, et qu'elle avait pour but de permettre au père de démembrer son fief pour partager ses enfants puînés, tout en limitant au tiers la part de ceux-ci. Ils n'étaient pas d'accord, il est vrai, pour savoir au juste à quels fiefs cette constitution était applicable et si le tiers accordé aux puînés leur était donné *à viage* ou *par héritage* (1). Mais ils ne mettaient pas en doute l'existence de cette constitution.

On connaissait, en effet, sous le nom d'*Ordonnance de Jean II*, un texte d'une cinquantaine d'articles, qui contient les deux règles suivantes :

VII. Baronie ne despart mie entre freres, si le pere ne leur fait partie.

XVIII. Gentil homme ne puet donner a ses enffanz puixnés de son heritage que le tiers.

En tête, dans son article 1er, se lit la date de 1301 (2).

Mais on se trompait sur la date et le caractère de ce document : il n'est pas de 1301; il n'appartient pas à Jean II; ce n'est même pas une ordonnance ducale; et son histoire vaut la peine d'être contée en détail.

79. — Les Notes anonymes sur la Très ancienne Coutume, qui commencèrent à courir vers 1480, nous apprennent que le texte en question fut découvert par un certain Guillaume Macé : « Maître Guillaume Macé trouva la dite constitution,

un vieux mur chargé de curieux s'écroula sur leur passage. Retiré tout meurtri de sous les décombres, le duc mourut quelques jours après (d'Argentré, *Histoire de Bretaigne*, liv. IV, chap. XXXII, f° 258; M. Arthur de la Borderie, *Derniers jours et obsèques de Jean II*, dans le *Bulletin* de la Société archéologique d'Ille-et-Vilaine, t. XIV, p. 1).

(1) D'Argentré, *Des successions et partages*, art. 543 et suiv.; *Partages des nobles*, col. 2167 et suiv.; *Histoire de Bretaigne*, liv. IV, chap. XXX, f° 256; Hévin sur Frain, p. 557; Daguesseau, *Mémoire sur l'Assise*, t. V, p. 514 et suiv., p. 522 et suiv.

(2) Hévin l'a reproduite *in extenso* à la fin de ses *Questions féodales*; il en a donné les principaux fragments dans ses *Consultations*, p. 517 et 518, et dans ses *Annotations* sur les plaidoyers de Frain, p. 554-558. D. Morice l'a publiée deux fois dans son recueil de *Preuves*, t. Ier, col. 1166, et t. II, col. 1783. Enfin, elle vient d'être donnée à nouveau par M. Viollet, dans ses *Établissements de saint Louis*, t. III, p. 189.

» faisant la réformation; laquelle constitution est en plu» sieurs livres et coutumes en Bretagne; les autres n'en ont » rien (1). »

Quel était ce Guillaume Macé et quand vivait-il? Hévin a conjecturé que ce devait être un sénéchal de Clisson qui vivait au xve siècle, et que la réformation à laquelle il a pris part pouvait être fixée approximativement à 1450 (2). On verra bientôt ce que valent ces conjectures.

80. — Au xvie siècle la malheureuse ordonnance était de nouveau perdue; d'Argentré savait qu'elle existait; le texte de la Très ancienne Coutume et les notes anonymes qui l'accompagnent le lui disaient; mais il ne la connaissait pas, et il en ignorait même la date. Il la chercha vainement quand il écrivit son *Advis sur les partages des Nobles*, et dut se résigner à traiter son sujet sans connaître la fameuse constitution (3).

Longtemps après, en feuilletant les titres de la maison de Penthièvre, il retrouva le texte de Guillaume Macé dans une procédure de partage (4), et se crut dès lors en possession de la véritable ordonnance. Il le rencontra une seconde fois à la fin d'un « vieil livre coutumier (5). » Depuis d'Argentré, ce texte n'a pas cessé d'être connu, étudié et discuté. Hévin possédait quatre manuscrits qui le contenaient (6), et personne n'a jamais songé à en contester l'authenticité (7). Daguesseau n'en doutait pas : Me Berroyer, avocat au Parlement, le lui avait montré à la fin d'un manuscrit, et cela lui suffisait (8).

(1) Note anonyme sous le chapitre 209 T. A. C.

(2) Hévin, *Consultations*, p. 532.

(3) *Partage des Nobles*, question sixième.

(4) Note sur l'article 563, A. C., n° 2, col. 2195 et 2196.

(5) Il raconte, dans son *Histoire de Bretaigne*, qu'il avait vu faire bien des jugements « sinistres » sur les partages des successions, par suite de l'ignorance où l'on était touchant l'ordonnance de Jean II; mais enfin, dit-il, « nous la trouvasmes aux livres anciens » (édition de 1582, f° 348; édition de 1588, f° 256).

(6) Hévin sur Frain, p. 172.

(7) Certains plaideurs en niaient l'existence, comme on le voit dans le *Mémoire sur l'Assise* de Daguesseau, parce qu'ils ignoraient le texte découvert par G. Macé et retrouvé plus tard par d'Argentré. Quand on le leur présentait, ils ne pensaient même pas à le critiquer.

(8) *Mémoire sur l'Assise*, p. 515-518.

81. — Et pourtant, si jamais il a existé une Constitution de Jean II, corrigeant l'Assise de Geffroi, il faut bien avouer qu'elle est réellement et depuis longtemps perdue. Ce que nous possédons sous ce nom n'est autre chose qu'une série d'articles empruntés aux vieilles Coutumes d'Anjou du XIIIe siècle, insérées dans la compilation des prétendus *Établissements de saint Louis*. — Il existait en Bretagne un certain nombre de *Règles coutumières*, composées de fragments copiés dans les Coutumes des provinces voisines, de résumés des ordonnances ducales et de quelques notions de pratique judiciaire. M. Viollet a publié les deux morceaux les plus importants (1). Or c'est tout simplement un fragment de ce genre que Guillaume Macé avait trouvé et qu'il a pris pour une constitution de Jean II (2). Ce qui a causé sa méprise, c'est que le premier article de cette série de règles coutumières est le résumé d'une ordonnance faite à Vannes par Jean II en 1301. A la suite viennent deux articles empruntés au droit romain, l'un sur la plus pétition, l'autre sur le Velléien. Puis commencent les emprunts aux *Établissements*. Guillaume Macé a cru, et tout le monde après lui, que la date de 1301, qui n'intéresse que le premier article, s'appliquait à tous (3).

L'analogie de cette prétendue ordonnance avec les *Établissements* avait déjà été remarquée par Hévin (4) et par D.

(1) Règles coutumières bretonnes; dans ses *Établissements*, t. III, p. 213 et 225. L'un d'eux avait déjà été donné par D. Morice pour une ordonnance de Jean III (*Preuves*, t. Ier, col. 1252), puis une seconde fois sous le nom de *Petite Coutume de Bretagne* (*Op. cit.*, t. II, col. 1779).

(2) M. Viollet accuse d'Argentré de cette erreur. C'est Guillaume Macé qui en est responsable; c'est lui qui le premier s'est avisé d'attribuer à Jean II le texte qu'il avait retrouvé. D'Argentré n'a fait que suivre une opinion courante; l'Anonyme et bien d'autres l'avait partagée avant lui.

(3) L'ordonnance de Jean II n'est pas le seul exemple d'une compilation coutumière prise pour un texte officiel et attribuée en entier à un souverain, parce que les premières lignes mentionnent une de ses ordonnances. C'est ce qui est arrivé pour le texte champenois, publié par Pithou, et dont j'ai déjà parlé (*Coutumier général*, t. IV, p. 209); le premier article seul appartient à Thibault le Posthume. L'exemple le plus célèbre est celui des *Établissements de saint Louis*, qui, malgré leur titre, ne contiennent guère que des coutumiers angevins et orléanais, précédés de deux ordonnances du roi.

(4) Hévin sur Frain, p. 554.

Morice (1); mais personne ne s'était avisé d'en tirer la conclusion. Seul M. Viollet, après avoir dans son premier volume pris au sérieux comme les autres le texte de G. Macé, a fini par s'apercevoir de l'erreur, et dans son tome III il a résolûment déclaré « qu'une lecture plus attentive ne permet pas de maintenir cette attribution, et que nous n'avons pas sous les yeux un texte législatif émané d'un duc de Bretagne; nous retombons par conséquent dans l'incertitude d'où on était sorti à tort depuis d'Argentré (2). » L'erreur est, en effet, certaine. Il faut même s'étonner qu'elle n'ait pas été relevée plus tôt : Hévin trouvait déjà étrange qu'on employât la forme du dialogue dans une ordonnance (3); il était sur la voie, mais le soupçon n'est pas né dans son esprit.

82. — Par là tombent toutes les difficultés qu'avait soulevées la conciliation de cette pseudo-ordonnance de 1301 avec l'Assise de Geffroi (4). D'interminables débats avaient surgi; mais à quoi bon entrer dans ces controverses, si le texte nous manque?

83. — J'irai même plus loin, et je soutiendrai, sans trop d'hésitations, qu'il n'y a jamais eu d'ordonnance de Jean II (5). Il suffit de supposer pour cela que la trouvaille attribuée par l'Anonyme à Guillaume Macé est antérieure à la rédaction de la Très ancienne Coutume. J'espère démontrer un jour que celle-ci a été rédigée dans la seconde moitié du XIVe siècle, au plus tôt sous Charles de Blois. On était déjà assez loin de

(1) D. Morice : « Les Constitutions du duc Jean II ne sont, pour la plupart, que des extraits des *Établissements de saint Louis* » (*Histoire*, t. Ier, p. 220).

(2) *Établissements*, t. III, p. 188.

(3) Hévin sur Frain, p. 172. — Voyez l'article 43 de l'ordonnance : « Le cousin-germain d'un mort, qui n'est cousin que d'un côté, dit : Mon cousin-germain est mort sans hoir de son corps....; l'autre, qui est cousin des deux costés, dit : Je suis cousin des deux côtés..... qui doit être hoir jugé? etc... »

(4) On se demandait principalement si la permission de démembrer le fief jusqu'à concurrence du tiers s'appliquait aux baronnies ou seulement aux fiefs inférieurs (Daguesseau et M. de Blois, *l[is] c[is]*; M. Viollet, *Etablissements*, t. I, p. 296).

(5) Je ne nie pas l'existence d'un *changement*, je le crois même plus considérable qu'on ne le dit; je nie seulement l'existence d'une *réforme*, en attribuant à un usage ce qu'on attribue à Jean II.

Jean II pour que l'erreur fût possible. Si cette hypothèse était admise, elle supprimerait toute difficulté, car le passage de la Très ancienne Coutume qui parle de cette réforme et qui est le seul renseignement indiscutable que nous possédions sur elle, s'expliquerait alors très simplement par une allusion à la pseudo-ordonnance.

La seule chose qui me laisse quelque doute, c'est la façon dont s'exprime la Très ancienne Coutume. Ses rédacteurs semblent parler d'un fait connu de leurs contemporains et d'un état de choses constant, car ils ne prennent même pas la peine de nous dire en quoi Jean II a corrigé l'Assise. Ce n'est pas là le langage de gens qui viennent de retrouver une ordonnance oubliée. Mais la rédaction de la Coutume est remplie de tant de lacunes à côté de longueurs inutiles, elle est si imparfaite et si peu serrée, qu'il n'y a, je crois, aucun argument bien sérieux à tirer de là.

Quant aux conjectures d'Hévin, elles n'ont aucune valeur. La réformation de la Coutume à laquelle aurait pris part Guillaume Macé serait, selon lui, du milieu du XVe siècle, et serait représentée par quelques manuscrits qui contiennent des variantes insignifiantes (1). La Coutume, n'étant pas un texte officiel, a subi des remaniements bien plus considérables, entre autres celui qui consiste à l'avoir mise par ordre alphabétique, sous forme de dictionnaire, comme on le voit dans deux manuscrits de la Bibliothèque nationale (2).

En tout cas la date de 1450 choisie par lui est trop récente, car la bibliothèque de l'Arsenal possède un manuscrit de 1437 qui contient la fausse ordonnance dans son état actuel (3). La trouvaille de Guillaume Macé est donc plus ancienne que ne le croyait Hévin.

84. — Gardons-nous cependant de refuser tout crédit aux traditions de la Bretagne sur ce sujet. Nous tenons pour cer-

(1) « J'en ai un exemplaire écrit environ l'an 1465, où j'ai remarqué que, » retaillant cet article 209, qu'il cotte 208, il a affecté de ne faire nulle men- » tion de l'Assise ni des fiefs d'Assise, ni des barons et chevaliers » (*Op. cit.*, p. 532-533).

(2) Bibliothèque nationale, MS. fr., n°s 5984 et 14396.

(3) Bibliothèque de l'Arsenal, MS. 2570 (anciennement Jurisprudence française, n° 55).

tain que nous sommes en face d'un texte angevin. Encore faut-il bien, si ces règles ont été introduites avec leurs formules étrangères, qu'elles aient correspondu à un moment donné à l'état du droit breton lui-même. C'est un procédé familier aux rédacteurs de ces règles coutumières : ils empruntent à leurs voisins de l'Anjou des formules toutes faites pour exprimer leurs propres usages; mais il est bien évident que ces emprunts supposent une certaine analogie entre les Coutumes des deux provinces, autrement ils ne se comprendraient pas. Tout en refusant de voir dans ce document une ordonnance de Jean II, nous pouvons très légitimement y chercher les usages bretons du XIVe siècle.

Or ces usages ne sont plus l'exécution intégrale et correcte de l'Assise.

85. — Au lieu de la pension viagère qui leur était attribuée par l'Assise, les puînés obtiennent une concession de terres; ils sont mis en possession d'une portion du fief, leur vie durant. J'expliquerai bientôt sur quels points ce système de par tage dérogeait à l'Assise de Geffroi; je me borne, pour le moment, à en expliquer le mécanisme.

La part des puînés dans le fief portait un nom bien significatif, tiré de son caractère essentiel : on l'appelait *viage*.

L'expression angevine *bienfait*, dans le sens d'usufruit, était également employée en Bretagne, où l'on donnait souvent aux puînés le nom de *bienfetors* (1).

Enfin le mot *apanage* servait aussi à désigner la part des puînés (2). Son sens originaire (*panagium* de *panis*), tout contesté qu'il est, paraît suffisamment clair (3), mais il a été vite

(1) Dans l'Anjou, la part des puînés était appelée *bienfait* : « Qui est appelée bienfait, et le tiennent leur vie en usufruit, et la propriété si est à l'aisné quant à la partie que les masles puînés tiennent » (*Coutume glosée*, Beautemps-Beaupré, t. I, p. 183; cfr. *ibid.*, p. 205 et 476). — Pour la Bretagne, voyez un acte de 1272, dans D. Morice, *Preuves*, t. I, col. 980, et un Acte de 1284, *ibid.*, col. 1072.

(2) Voyez sur ce sens du mot *apanage*, les Glossaires de Du Cange et de Ragueau, et le Dictionnaire de Littré. — *Adde* Basnage, sur l'art. 357 de la Coutume de Normandie.

(3) Ce qu'il y a de plus curieux et de moins connu, c'est qu'on trouve déjà *panes civiles* dans les textes romains, pour désigner les pensions ou rentes annuelles constituées à titre de dot (L. 32, § 2, *De jure dotium*, C., V. 12).

altéré et oublié. Dans les maisons souveraines, comme dans la Maison de France, les apanages furent des concessions héréditaires, sauf retour à la couronne à l'extinction de la branche cadette. En Bretagne, le caractère indécis de l'orthographe et des erreurs de copistes firent confondre ce mot avec le mot *aparagée*, qui signifiait fille mariée à un homme d'égale condition, *pari locata*, *appariée* (1).

La Très ancienne Coutume, qui constate les usages du XIVe siècle, nous montre ce mode de partage en vigueur : Les juveigneurs ont « pourveance sur le grant de la terre » (chap. 209). Un peu plus haut, le même chapitre nous parle des oncles « qui tendroient par bienfait (2). »

86. — La part des puînés, transformée en jouissance en nature, avait-elle gardé son indétermination primitive? L'Assise n'avait fixé aucun chiffre; elle disait que l'aîné devait subvenir aux besoins des juveigneurs *juxta posse suum*. La Très ancienne Coutume laisse la question indécise : « Et leur » doit être jugée leur partie selon le grant de la terre et le nom- » bre des enffanz..., et attendront chescun son advenant de » l'eschaite en tant comme chescun y devra prendre » (chap. 209). Y a-t-il là une limitation précise sous-entendue? ou bien la part des puînés était-elle encore indéterminée? Les auteurs bretons, et principalement Hévin, ne tarissent pas sur cette question, mais leurs controverses, importantes pour la pratique de leur temps, n'ont plus pour nous qu'un intérêt bien médiocre.

Plusieurs points sont cependant certains.

En fait, et bien avant Jean II, les puînés obtinrent souvent que leur part fût fixée au tiers (3).

(1) Hévin a bien marqué la différence, en signalant les confusions commises et les diverses étymologies assez bizarres qui avaient été proposées (Sur Frain, p. 869 et ss.).

(2) Ceci n'a rien de spécial à la Bretagne. Toutes les Coutumes qui admettaient l'indivisibilité des fiefs autorisaient le partage à viage. C'est ainsi qu'en Normandie la part des puînés consistait en principe dans une *provision à vie*, qui n'est autre que le *bienfait* angevin ou le *viage* breton. Voy. Basnage, *Commentaires*, éd. 1778, t. I, p. 464, et à la table des matières.

(3) Accord entre Eudon III, comte de Porhoët, et Guillaume de Fougères, vers 1204 (D. Lobineau, *Preuves*, col. 1645; D. Morice, *Preuves*, t. I, col. 797). — Autre accord entre Guillaume et Geffroi de Fougères (D. Morice,

Cet usage se répandit peu à peu, et alors même qu'il n'aurait pas été sanctionné législativement par voie d'ordonnance, il devint la règle habituelle des partages ; sans doute le voisinage de l'Anjou contribua à le fortifier, car dans les Coutumes angevines « avenant bien fait égale un tiers, » et il en était de même en Normandie (1).

On croyait tout naturellement trouver l'adoption officielle de ce chiffre du tiers dans la prétendue ordonnance de Jean II. A la vérité, il ne s'y trouve pas exprimé, mais le texte parlant d'*avenant bienfait* ne pouvait être entendu autrement, et c'est en effet le sens que lui prêtait l'Anonyme : « Nota que par constitution les puisnez ont le tiers. »

87. — Malgré cela, le partage « sans limitation de quote » resta toujours une des prétentions chères aux grandes familles. Il fut jusqu'à la fin considéré comme l'un des traits caractéristiques du vrai gouvernement de l'Assise. En 1539, lors de la première rédaction officielle de la coutume, le seigneur de Maure protesta contre l'article 563, qui adoptait le partage *des deux parts au tiers*, disant que « lui et autres bannerets du pays avoient accoustumé de partager leurs juveigneurs, tant fils que filles, à leur *plaisir et discrétion*, sans tenir ni garder ladite forme de partage, » et sa protestation fut accueillie (2).

88. — Que le partage à viage ait été institué comme on le voulait autrefois par une ordonnance de Jean II, ou qu'il se soit tout simplement introduit par l'usage comme je préfère le croire (3), il n'en a pas moins été une modification du système primitif.

ibid., col. 798). — Second partage des biens de la maison de Porhoët en 1241 (*ibid.*, col. 919). — Cfr. Hévin, *Consultations*, p. 513 ; sur Frain, p. 523, 530, etc.

(1) Coutume de Normandie, A. 291. On trouve déjà ce chiffre du tiers au commencement du XIIIe siècle, dans le *Très ancien Coutumier* : « Quia omnes sorores non possunt habere nisi terciam partem simul inter se dividendam » (cap. LXXX, n° 4). Il s'agit ici de la dot des filles, mais la question se posait pour elles dans les mêmes termes que pour les juveigneurs.

(2) *Procès-verbaux de* 1539, dans Bourdot de Richebourg, *Coutumier général*, t. IV, p. 354. — Cf. Hévin, *Consultations*, p. 543.

(3) Comment croire qu'il ait fallu une réforme législative soit pour organiser le partage à viage, soit pour fixer au tiers la part des puînés? Du

Seulement il faut bien comprendre en quoi a consisté le changement. La plupart des auteurs s'imaginent à tort que c'est dans la fixation au tiers de la part des puînés; c'était là un point secondaire. La véritable réforme a consisté dans l'attribution viagère d'une partie des terres.

Qu'on se reporte tout d'abord au texte primitif et aux termes que l'Assise avait employés : *Junioribus providere*, *invenire* ou *ministrare necessaria*, ce sont là des expressions qui ne laissent aucun doute sur la nature du droit des puînés : l'aîné devait garder la terre et leur fournir ce qui leur était nécessaire pour vivre.

Plus tard nous les trouvons régulièrement saisis d'une partie des terres. Ne sommes-nous pas autorisés à en conclure que le droit a changé ou, ce qui revient au même, que l'Assise n'était pas appliquée à la rigueur? Il n'y a pas eu, sans doute, altération profonde du système; il y a eu changement dans les procédés employés pour l'exécution, amélioration dans le mode de jouissance des puînés. Au lieu de la pension alimentaire dont parlait l'Assise et que leur servait l'aîné, ils ont désormais le droit d'être mis en possession d'une partie des terres; ils ne jouissent plus *par main*, mais *par assiette*. Cette concession leur assure une existence plus indépendante, puisqu'ils ne vivent pas à la solde de leur aîné et que leur droit est fixé sur une portion du fief.

Pour respecter l'Assise et maintenir l'indivisibilité de la terre, la portion qui leur était cédée ne se détachait pas pour toujours du corps principal; leur droit n'était que viager, et l'aîné restait propriétaire de la totalité (1).

C'est dans cette concession foncière remplaçant pour les puînés la pension à laquelle on avait voulu les réduire, qu'il faut chercher la véritable modification de l'Assise. Seule cette opinion permet d'expliquer un passage de la Très ancienne Coutume qui, en dehors d'elle, me paraît inintelligible. Dans son chapitre 209, la Coutume prévoit le cas « où l'ainzné

temps de Jean II, tout cela était déjà fait depuis longtemps, comme le montre le partage de la baronnie de Fougères en 1204 (Hévin sur Frain, p. 523-524 ; D. Morice, *Preuves*, t. 1, col. 797 et 798).

(1) Cf. Coutumes d'Anjou : « Car la terre de baronnie ne peut être aliénée de la maître-souche » (Beautemps-Beaupré, *Coutume glosée*, t. I, p. 205).

» et les jouvaignours ne voudroient jurer l'Assise au comte » Geffroi; » et que veulent-ils s'ils n'acceptent pas l'Assise? Ils sont, dit-elle, « d'un gré que les jouvaignours auroient pourveance sur le grant de la terre. » Or, ce mot de *pourvéance* ne peut désigner que le *viage* ou *bienfait* des puînés. Donc, ce mode de partage, que l'on considère comme étant celui de l'Assise est, au contraire, une dérogation à son système, puisque, dans l'espèce, les enfants refusent de s'y soumettre.

Ma manière de voir se trouve encore confirmée par un manuscrit de la Bibliothèque nationale (1). Ce manuscrit, porté à tort au catalogue comme contenant la Coutume de Bretagne, ne renferme guère que des fragments du texte, suivis de gloses écrites presque toujours en latin et empruntées en grande partie au droit romain. Voici ce qu'on y lit : « *Notandum* que les moltz de l'Assise estant que les jouveigneurs et puisnez n'eussent que provision, mais le duc » Jehan volut et ordonna qu'ils eussent advenante portion à » viage (2). »

Parmi les auteurs, d'Argentré est, je crois, le seul qui ait signalé ce changement (3). Tous les autres considèrent le partage à viage comme l'exécution directe et normale de l'Assise.

89. — J'ajoute encore un mot. Il semble résulter de diverses pièces, publiées par les Bénédictins, que l'usage était d'accorder d'abord un simple usufruit ou bienfait au puîné, sauf à convertir son titre en concession perpétuelle lorsqu'il lui survenait des enfants légitimes. « Et doit ledit vicomte receyvre » ledit Olivier en son homme des douze cents livrées de terre, » comptées en sadite portion, quand il aura her de son corps » de femme espouse vivant, et en deivent être faites lettres qui

(1) MS. du xve siècle, fonds français, n° 1936.

(2) MS. précité, f° 87, r°.

(3) « Cum nulla portio tribueretur secundo genitis, sed alimenta duntaxat... sed posterius... *mutato jure*... cum primogenitus integrum dominium non obtineat, sed tertia ad secundo genitos spectet » (*Des successions et partages*, sur v^{c}XLVI, glossa I^{a}, col. 1969); « car les puisnez n'estoient fondez lors de la dite Assise qu'en prouision dalimens pour entretenir leur estat et lad. prouision incertaine, à l'arbitrage de l'aisné sans diffinition de quotte. Depuis ils ont esté fondez en action et de portion certaine, c'est à sçavoir du tiers et à viage » (*Partages des nobles*, sur l'art. v^{c}XLVI, col. 2167).

» parleront que led. Olivier en est receu, et seront baillées à » garder au seigneur de Belmanoer, et quand ledit Olivier aura » her de son corps, comme il est dit pardessus, les dites lettres » lui seront rendues... (1). » Autre exemple : une terre avait été concédée d'abord en bienfait au puîné, *selon l'Assise de Bretagne,* « ledit Herveu n'avait pas été homme notre peir ; » plus tard, par un nouvel arrangement, on donne au fils du *bienfetor,* « à pur et en perpétuel héritage, à fin et à jamais..., tote » la tarre et la saesine que le devant dit Guiomarc le peir au » devant dit Herveu tenet por son beaufet (2). »

Une reconnaissance donnée par Thomas de Chemillé au seigneur de Rohan, son aîné, en 1284, nous révèle encore la même combinaison : « C'est ascavoir que je ne suis que bien- » fetor en ces choses dessus dites... et que icelles... à mon » deces retornent et au dit vicomte et à ses heirs, sans debat » et sans contredit, et ne puis avoir ne alleguer en nule ma- » nière que led. vicomte ne ses heirs m'et reçu en home de ces » choses dessus dictes ne d'aucunes d'elles... (3). »

(1) Partage de Rohan, de 1305, D. Morice, *Preuves,* t. I, col. 1201.

(2) Acte de 1272, D. Morice, *Preuves,* t. I, col. 983. — On peut voir encore le Traité de mariage entre Guillaume de Léon et Catherine de la Roche-Bernard, dans les *Preuves* de D. Morice (t. I, col. 1174). On laisse au choix du puîné de « vouloir estre homenagié et payer son avenant des deptes son » père ou prendre son bienfait quitte de toute depte en assiette de terre » segond la coustume du pais » (Acte de 1301).

(3) Acte tiré des archives du château de Blain (D. Morice, *Preuves*, t. I, col. 1072). Les riches archives des Rohan, dont l'inventaire formait à lui seul sept ou huit volumes *in-folio,* furent brûlées à Blain pendant la Révolution, comme celles de Clisson et de Chateaubriant. M. Bizeul parvint cependant à en sauver vingt-deux cartons, dont son fils a fait don à la bibliothèque de Nantes. — On remarquera que cet acte de 1284 suppose encore en vigueur l'impossibilité de succéder si l'aîné a reçu l'hommage de son puîné, et cependant il y avait près de dix ans que Jean le Roux avait modifié l'Assise sur ce point. Cette particularité s'explique par ce fait que les Rohan n'avaient pas adhéré à la convention de 1275 ; leur sceau ne figure pas dans l'énumération que donnent D. Lobineau et D. Morice.

§ III. — *La Très ancienne Coutume* (XIVe siècle).

SOMMAIRE.

90. La Très ancienne Coutume, œuvre purement privée, n'a pas modifié le régime de l'Assise.
91. Erreur de d'Argentré sur la *jurée* de l'Assise; réforme imaginaire qu'il impute à la Très ancienne Coutume.
92. Importance du chapitre 209; son obscurité dans les éditions imprimées.
93. Restitution de ce chapitre d'après les meilleurs manuscrits.

90. — La rédaction de la *Très ancienne Coutume*, qui se fit au XIVe siècle, n'apporta aucune modification au système de succession établi pour les fiefs d'Assise. Ce n'est, en effet, qu'un *Coutumier* sans aucun caractère officiel, et ses auteurs (1) ont pris le droit de leur pays, tel qu'il était de leur temps, pour le constater, et non pour le corriger.

91. — D'Argentré s'est donc trompé quand il a cru découvrir dans la Très ancienne Coutume une réforme assez grave. Il voyait autour de lui un grand nombre de terres nobles qui ne suivaient point l'Assise, et, par une illusion toute naturelle, il s'imaginait que, dès le début, l'Assise avait été ce qu'elle était de son temps : une loi propre à la haute noblesse. Dès lors, une des questions qui le préoccupaient le plus était de savoir si les simples nobles, pour qui l'Assise n'avait point été faite, pouvaient introduire le gouvernement avantageux dans leur maison. Or il trouvait dans le chapitre 209 un passage obscur, où il était question de *jurer l'Assise*, et d'où il semblait résulter que les puînés pouvaient à leur gré refuser ou prêter ce serment. Il en concluait qu'il dépendait des héritiers, en jurant l'Assise, de se soumettre au régime qu'elle avait établi, et il croyait que cette faculté était une concession nouvelle faite par la Très ancienne Coutume aux familles de petite noblesse, toujours envieuses d'imiter les grandes. Il dit textuellement : « L'ancienne Coustume escrite longtemps » après la d. Assise mit en la faculté des nobles n'ayants qua-

(1) Une vieille tradition bretonne en attribue la rédaction à trois personnages inconnus : Mahé le Léal, Copu le Saige et Tréal le Fier.

» lité de baron ny de chevalier d'introduire la d. Assise en » leur maison du consentement d'aisnez et de puisnez, *et* » *cela outre* le texte de l'Assise (1). »

Hévin lui-même, dans les premiers temps de sa vie, alors qu'il suivait encore docilement les idées de d'Argentré, avait admis la possibilité pour tous les nobles de se soumettre au régime de l'Assise au moyen de ce serment (2). Il reconnut plus tard son erreur (3). Son argumentation prêterait bien à quelques critiques, mais elle aboutit à cette conclusion très exacte : « Que ceux qui juraient l'Assise ne promettaient au- » tre chose sinon de ne démembrer point les baronnies et » chevaleries, ce qui ne se pouvait appliquer qu'à ceux qui » en possédaient (4). » Les autres ne pouvaient entrer dans le gouvernement de l'Assise : « Cela ne dépendait pas de la volonté des personnes, mais de la qualité des biens. »

L'erreur de d'Argentré n'a pas d'autre cause qu'une inadvertance de sa part. Il n'a pas vu, à la fin du texte de l'Assise, fort écourtée dans sa traduction, le passage relatif au serment, à la *jurée* de l'aîné et des juveigneurs.

Trouvant la mention de cette jurée dans la Très ancienne Coutume, il a pris pour une disposition originale et nouvelle, pour une réforme, ce qui n'était que la reproduction du texte primitif. — Cette seule observation suffit pour ruiner sa théorie, qu'Hévin a eu tant de peine à combattre.

92. — La Très ancienne Coutume nous donne des renseignements précieux sur la façon dont se réglaient au XIVe siècle les successions aux fiefs d'Assise. Malheureusement son texte a été, suivant l'expression d'Hévin, « défiguré par les misérables copistes. » Les éditions successives, depuis les incunables jusqu'à celles de Sauvageau et de Bourdot de Ri-

(1) *Partages des nobles*, col. 2169 et sur 546 A. C., n° 3. — Cf. *ibid.*, col. 2171, n° 5.

(2) *Consultations*, p. 493.

(3) *Consultations*, pp. 524, 527, 533; *Annotations sur Frain*, pp. 541 et s.

(4) Hévin sur Frain, p. 543. — Dans son *Étude* si consciencieuse et si complète, M. André n'a pas songé à cette application du serment, qui était la plus remarquable peut-être et, en tout cas, la plus célèbre de toutes (*Étude sur le serment judiciaire et promissoire suivant l'ancien droit coutumier de la province de Bretagne*, par M. André, conseiller à la Cour d'appel, dans le *Bulletin* de la Société archéologique d'Ille-et-Vilaine, 1877, t. XI, p. 1-136).

chebourg, reproduisent comme à plaisir les plus mauvais manuscrits, et rien n'est plus dangereux que de se fier à de pareils guides.

Le chapitre consacré au partage des enfants et des fiefs nobles, qui porte le n° 209 dans les éditions imprimées et le n° 208 dans les manuscrits les plus anciens, n'a pas échappé à la fatalité commune. J'ai cru utile de le rétablir ici à l'aide des deux meilleurs manuscrits.

Tous deux sont de la fin du xive siècle, et ils appartiennent l'un à la Bibliothèque nationale (1) et l'autre à la Bibliothèque de la ville, à Rennes (2). Autant que j'en ai pu juger par certains indices et par la collation de quelques chapitres, le manuscrit de Paris est la reproduction littérale de celui de Rennes. Du reste, parmi les nombreux manuscrits de la Très ancienne Coutume qui existent encore, ce sont les seuls qui, à ma connaissance, soient antérieurs à l'an 1400. Ils se trouvent ainsi tout près de l'époque de la rédaction de la Coutume, car diverses raisons, que je me propose de développer plus tard, me font rejeter la conjecture d'Hévin, d'après laquelle la Coutume aurait été rédigée sous Jean III, vers 1330; je la crois sensiblement plus récente.

Les éditeurs de la Très ancienne Coutume ne se sont jamais servi de ces deux manuscrits, de sorte qu'on peut considérer son texte primitif comme inédit. Seuls, MM. P. de la Bigne-Villeneuve et André en ont fait usage le premier pour son travail sur *les Minihis et le droit d'asile en Bretagne* (3) et le second pour son *Étude sur le serment*, dans laquelle il a inséré de nombreux fragments, tous empruntés au manuscrit de Rennes, dont il avait compris toute la valeur (4).

93. — CHAPITRE CCVIII. *Du partage des enffanz et des fiez nobles.* Es fiez nobles qui se gouvernent selon l'Assise du comte Geffroy ne doit point estre compté le principal menoir dedanz les prochaines cloaisons (5) pour ce qu'il y ait de

(1) Bibliothèque nationale, fonds français, n° 11541.

(2) Bibliothèque de la ville de Rennes, MS. 182 (n° 70 du catalogue Maillet).

(3) Voy. le t. Ier du *Bulletin* de la Société archéologique d'Ille-et-Vilaine, p. 206.

(4) M. André, *op. cit.*, *Bulletin* de la Société archéologique d'Ille-et-Vilaine, t. XI, p. 30, note 2.

(5) Les manuscrits postérieurs ajoutent *ne les terres.*

ceul héritage si grant quantité que il valist tant par quoy advenante pourveance en peust estre faite entre seurs et freres. Et non devroit il estre compté entre les hoirs et la doairiere ou les doairieres, pourtant que ils (1) fussent suffisamment pourveues de meson, selon l'estat d'iceulles.

Et si les héritages n'estoient de ceulle value, l'en devroit baillier selon la richece de leurs biens meson advenante a le hoir principal, par le regard des sages et de la justice.

Et seroient les autres en partage, comme l'en doit faire de ceulx fiez, et baidra l'en a l'ainzné enffant son avantage (2) fesant tout premier le doaire a la doairiere, comme il est dit ailleurs.

Et puis doivent les jouvaignours et les sueurs, ou les enffanz des sueurs, si leur mere est morte, aporter sur le grant de la terre les eschaites des oncles qui tendroient par bienffait, et des doairieres ou doairiere, et leur doit estre jugiée leur partie selon le grant de la terre et le nombre des enffanz, et atendront chescun son advenant de l'eschaite en tant comme chescun y devra prendre, ou cas que l'ainzné et les jouvaignours ne voudroient jurer l'Assise au comte Geffroy et seroient d'un gré que les jouvaignours auroient pourveance sur le grant de la terre, comme dit est en l'Assise (3). C'est assavoir que toute seignourie doit aller à l'ainzné des enffanz ès barons et ès chevaliers et des ainznez qui en sont yssuz et qui noblement se sont gouvernez eulx et lours predecessours es temps passez. Et est entendu que les jouvaignours n'auront en plus que les moz de l'Assise, si ce n'est tant comme le duc Jehan, pere au duc Artur la corrigea, les quelles chouses doivent estre acomplies, gardées et enterinées.

Et pour ce ne paieront les jouvaignours nulles des debtes au pere ne a la mere, ne ne prendront riens es meubles, sauf à leur en donner, ou se ils ne les ont par le mariage que l'ainzné fust tenu à leur achater, se ils l'en requierent.

(1) On sait que ce mot s'employait encore au XIVe siècle avec la même forme pour les deux genres (voy. La Curne de Sainte-Palaye, v^o *il*).

(2) Le manuscrit 182 porte : *advenantage.*

(3) Presque toutes les éditions imprimées portent : *comme dit est ailleurs*, ce qui donne un sens intelligible au passage.

Et si les debtes estoient si grousses ou si grandes que le pere, ou ceul ou ceulle dont l'eschaite vendroit, eussent faites, dont il convenseist que les heritages fussent venduz et perduz, adonc ne devroient pas metre les jouvaignours en rapport ce qui auroit esté vendu et perdu, mes ils devroient en estre quictes et delivres et avoir leur porcion hors de tout encombrement (1)...

§ IV. — *Rédaction officielle de 1539.*

Sommaire.

94. Pourquoi elle fut demandée et quel en fut le caractère.
95. Le chapitre 209 T. A. C. passa tout entier dans la nouvelle rédaction.
96. Disposition additionnelle de l'article 563; distinction qu'il admet.
97. Les commissaires ne faisaient en cela que constater un usage déjà établi.
98. L'origine de cette distinction est inconnue.
99. Erreur de d'Argentré.
100. Pourquoi les comtés sont mentionnés dans l'article nouveau.
101. Suppression des mots *selon l'Assise*.
102. En somme, la rédaction de 1539 n'a apporté aucun changement.

94. — Les magistrats que le roi, après la réunion à la couronne, envoyait tous les ans de Paris pour tenir son Parlement de Bretagne, rebutés par les obscurités et le style vieilli de la Très ancienne Coutume, réclamèrent une rédaction nouvelle. Celle-ci eut lieu en 1539. Le rôle des commissaires se borna à peu de chose. Ils laissèrent tomber dans l'oubli toutes les dispositions surannées (2); puis tirèrent les autres « de l'horrible chaos » où elles étaient pour les mettre en ordre par matières et en rajeunirent le style. Ce fut plutôt une *traduc-*

(1) Dans tous les manuscrits, cette fin de phrase est confuse; les copistes s'y sont embrouillés, répétant deux ou trois fois les mêmes mots, en supprimant quelques-uns et en ajoutant d'autres. Mais son sens n'est pas douteux.

(2) Par exemple, les passages relatifs au duel judiciaire et la plupart de ceux qui concernaient le serment et qui étaient si abondants dans la rédaction primitive. Pour se faire une idée des retranchements que la Très ancienne Coutume a ainsi subis, il suffit de lire l'étude de M. André, *Sur le serment judiciaire et promissoire* (*Bulletin* de la Société archéologique d'Ille-et-Vilaine, 1877, t. XI, p. 1-136).

tion qu'une *réformation* (1). Du reste ils accomplirent leur besogne avec une véritable précipitation (2).

95. — Arrivés à notre chapitre 209, ils s'aperçurent qu'ils n'y entendaient rien, « car les praticiens ne se purent jamais » accorder devant eux, qui fut cause qu'eux tâchant de sortir » de cet enveloppement par expédient, rapportèrent la même » diction, mot et clauses en la nouvelle qu'ils avoient trouvé » en l'ancienne avec toute son obscurité, perplexité, nodosité » et salèbres... Et cela ay-ie maintes fois ouy confesser aux » réformateurs lesquels en mon ieune aage i ai tous pri- » vément cogneus (3). » — Ils se sont en effet contentés de découper le chapitre 209 en cinq ou six morceaux pour en faire les articles 535, 547, 548, 549 et 550.

96. — On remarque pourtant une différence considérable entre leur rédaction et la coutume primitive. Après avoir ainsi reproduit mot pour mot le texte qu'ils empruntaient à l'ancienne coutume, ils ajoutèrent une disposition qui n'y figurait pas et qui forme l'article 563 (4).

D'après cet article, il faut faire une distinction entre les grandes terres, comtés et baronnies, et les terres inférieures. Les premières restent soumises sans modification au régime ancien : « Les comtes et les barons se traiteront en leurs par- » tages comme ils ont fait au temps passé. » Mais pour les secondes la part des puînés est fixée au tiers.

97. — Est-ce à dire que les commissaires, se faisant à l'occasion réformateurs, aient modifié sur ce point la Coutume de

(1) Hévin, *Consultations*, p. 440.

(2) D'Argentré, *Partages des Nobles*, préface.

(3) D'Argentré, *Partages des Nobles*, sous l'article 546. Cf. *ibid.*, col. 2152, 2181, 2182. — Il dit un peu plus loin que de son temps les articles de la Coutume qui provenaient de l'ancien chapitre 209 étaient estimés « non intelligibles » et qu'ils « troubloient tous les cerveaux » (col. 2185, n° 1; 2186).

(4) Pour tous nos Bretons, d'Argentré, Hévin, Poullain du Parc, cet article est le 563ᵉ de l'ancienne Coutume ; c'est le numéro qu'il portait dans les éditions bretonnes. — Dans le *Coutumier général*, le numérotage est différent; il y porte le n° 567. — On trouve les mêmes variations dès l'origine : voyez les deux éditions de la Coutume par Philippe Bourguignon, en 1540 et en 1553 ; la première donne 567, la seconde 563. Dans la minute officielle de la Coutume que possède la Bibliothèque de la Ville, à Rennes (MS. 195), les articles ne sont pas numérotés.

Bretagne? Je ne le crois pas. L'impression générale qui se dégage de la lecture du Procès-Verbal, et qui est pleinement confirmée par d'Argentré, est qu'ils se sont bornés à enregistrer les déclarations qui leur furent faites. Si cette distinction entre les deux catégories de terres d'Assise apparaît sous leur plume dans la rédaction de la Coutume, c'est comme constatation d'un usage déjà établi, et non pas à titre de réforme.

Le partage des deux parts au tiers avec chiffre fixe pour la part des puînés était depuis longtemps pratiqué en Bretagne, comme en font foi non seulement les textes d'origine angevine qui s'y étaient répandus sous le nom d'*Ordonnance de Jean II,* mais un certain nombre d'actes et de documents privés.

Il est à croire que la formule employée par les commissaires ne heurtait pas trop les usages bretons, car elle ne souleva qu'une seule protestation. Le seigneur de Maure réclama contre cet article 563, protestant par le sieur de la Tourneraye son procureur, « qu'il n'entendoit estre comprins aud. » article, parce que luy et autres bannerets dud. pays et leurs » predecesseurs avaient accoustumé de toute ancienneté de » partager par les aînés leurs juveigneurs, tant fils que filles, » competentement, à leur volonté et discrétion, sans tenir ne » garder lad. forme de partage, nous requérant déclarer led. » article non préjudiciable a luy et à ses droicts et posses- » sions, et rapporter sa dite protestation en ce present nostre » proces-verbal, ce que lui octroyasmes et accordasmes (1). »

On peut voir dans le succès de cette protestation et dans la facilité avec laquelle elle a été admise par les commissaires, la preuve de leur intention de ne rien changer aux usages établis. Elle nous montre d'ailleurs le partage sans limitation de quote devenu une sorte de privilège pour les grandes et anciennes familles, où les traditions avaient assez de force pour faire sacrifier les puînés à l'avenir de la maison.

98. — Le seul point qui reste obscur, c'est de savoir comment s'était introduite cette distinction entre les comtés et baronnies et les autres fiefs. Il serait téméraire de rien affir-

(1) *Procès-verbaux de la Coutume de 1539*, Bourdot de Richebourg, *Coutumier général,* t. IV, p. 354.

mer, mais je crois qu'elle s'est faite peu à peu par l'usage, les familles anciennes restant seules soumises au régime de l'Assise, tandis que les nouvelles qui arrivaient peu à peu à la noblesse, se montraient moins rigoureuses envers leurs puînés (1). Le système primitif de l'Assise se trouva ainsi réservé exclusivement aux plus vieilles maisons et à un petit nombre de terres, de jour en jour moins nombreuses.

99. — D'Argentré n'a pu s'expliquer cet article 563. Il croyait, comme tout le monde de son temps, que la portion des puînés avait été fixée législativement au tiers par l'ordonnance de Jean II et que cette réforme s'appliquait aux barons comme aux autres. Dans cette idée, il était hors d'état de comprendre le système de la Coutume. Après avoir dit que les successions d'Assise se partagent des deux parts aux tiers, faire une exception en faveur des barons pour leur permettre de se gouverner en leurs partages comme auparavant, c'est parler pour ne rien dire si les baronnies elles-mêmes se partagent de cette manière ; l'exception est identique à la disposition principale à laquelle elle est censée déroger (2).

Avec l'explication que j'ai donnée, l'article 563 se comprend aisément : il réserve aux barons le droit de partager leurs puînés sans limitation de quote, tel que le réclamait le seigneur de Maure.

100. — Outre cette addition de l'article 563, les rédacteurs se permirent deux autres modifications secondaires et d'une explication aisée.

D'abord ils mentionnèrent, à côté des baronnies, les *comtés*, dont il n'était question ni dans l'Assise, ni dans la Très-

(1) Il existait en Bretagne certaines tendances hostiles à l'Assise. J'en trouve la trace dans un passage du *Chronicon briocense*. Après avoir rapporté le texte de l'Assise, le manuscrit ajoute : « Et nota quod hæc consuetudo seu » Assisia, locum habet in baroniis et feodis militum, et ideo debet intelligi » in his terris quibus consuetudo dicatur, nam pravis est quia jus dicit he- » reditatem paternam æqualiter debere dividi inter liberos paternos (Co. Fam. » Ercis. L. final, cum suis concordantiis). Modo consuetudo contra jus non » debet ampliari, maxime ut non excedat terminos quibus inveniatur dictata » (ff. De legibus, L. De Quibus). Et consuetudo contra jus non debet extendi » nisi ad personas in quibus est constituta » (Bibliothèque nationale, MS. latin 6003, f° 93, r°).

(2) *Partages des Nobles*, Commentaire de l'article 563, col. 2177-2180.

ancienne Coutume. Si les textes anciens n'en avaient point parlé, c'est qu'alors, comme je l'ai déjà dit, il n'y avait pas en Bretagne d'autre comte que le duc lui-même. Les comtes apparaissent plus tard avec les lettres royaux contenant érection de seigneuries nouvelles, et ils doivent la mention spéciale dont ils sont l'objet dans l'article 563 à ce fait que, dans les idées du xvie siècle, leur rang nobiliaire les faisait passer avant les barons.

101. — En second lieu, ils supprimèrent partout les mots *selon l'Assise*, si bien que l'Assise n'est même pas nommée dans une Coutume où son système est entièrement conservé, tel du moins qu'il se pratiquait alors. Les procès-verbaux nous font connaître les motifs de cette suppression.

« Les gens des Estats remontrèrent que les mots *ès fiefs* » *nobles qui se gouvernent selon l'Assise au comte Geffroi* n'es- » toient bien entendus audit pays et engendroient plusieurs » procès. Furent par l'advis et consentement de tous les dits » Estats et à leur requeste rayez les dits mots et à leur place » escript ces mots *es fiefs nobles qui se sont gouvernés noble-* » *ment le temps passé*. Quels mots lesdits gens des Estats nous » dirent estre le vray sens et entendement de la Coustume. Et » par semblable en tous autres endroits dudit livre et cahier » où estoit parlé de ladite Assise au comte Geffroi, fut par » les advis et accords dessus dits donné telle interprétation et » clarification que dessus (1). »

On a vu plus haut que cette suppression avait été déjà opérée un siècle auparavant dans un manuscrit, ce qui donnerait à croire que dès cette époque l'Assise n'était plus comprise et qu'on trouvait plus simple de n'en pas parler.

102. — En somme, le système des successions établi par l'Assise est sorti intact de cette première rédaction officielle, qui, du reste, n'avait pas été entreprise dans un but de réforme. Les commissaires, conformément à la mission qu'ils avaient reçue, constatèrent les usages bretons dans l'état où ils les trouvèrent, se bornant à rédiger de nouveaux articles sur les points qui n'étaient pas écrits dans l'ancienne Coutume, respectant autant que possible son texte sur tous les autres.

(1) Bourdot de Richebourg, *Coutumier général*, t. IV, p. 354.

Leur œuvre nous montre le régime de l'Assise pratiqué sans altération aucune pour les terres les plus importantes et principalement pour les baronnies; modifié pour les fiefs inférieurs par la détermination d'une quote fixe pour la part des puînés, sans que nous puissions savoir d'une manière certaine quand et comment cette distinction avait été admise.

§ V. — *Réformation de 1580.*

SOMMAIRE.

103. Cette seconde rédaction, à la différence de la première, est une véritable réformation.
104. Réformes introduites dans le partage des fiefs inférieurs.
105. La dernière équivaut presque à l'abrogation de l'Assise.
106. Elles sont dues à l'influence de d'Argentré.
107. Réserve au profit des comtes et barons *anciens*.
108. Protestation de divers seigneurs.

103. — La réformation de 1580 présente un tout autre caractère que la rédaction précédente. Il ne s'agissait plus seulement de mettre la Coutume en bon français, de la *clarifier*. Les commentateurs, d'Argentré surtout (1), avaient fait leur œuvre. On sentait les imperfections d'une rédaction hâtive; on voulait combler les lacunes, réparer les erreurs commises, abroger des règles vieillies; ce fut une véritable *réformation* qu'on entreprit.

En ce qui concerne les successions, il faut faire deux parts du travail des réformateurs.

104. — Pour les seigneuries qui n'étaient ni baronnies ni comtés, ils opérèrent diverses réformes, dont l'une surtout modifia considérablement le système de l'Assise.

Les changements portèrent sur les points suivants :

1° Les puînés eurent droit désormais à une part des meu-

(1) Il n'avait encore publié qu'une partie de ses ouvrages, son *Advis sur les partages des Nobles* et ses *Commentarii* sur les quatre premiers livres de la Coutume. Le reste a paru pendant la réformation, en 1576 et en 1580, et après sa mort (Sur les premières impressions des ouvrages de d'Argentré, voir les *Archives du bibliophile breton*. Notices et documents par M. Arthur de la Borderie, t. II et III, Rennes, 1882-85).

bles, « ès quels par l'Ancienne Coutume, ils ne prenoient » rien (1). » En effet, l'article 547 de l'Ancienne Coutume disait : « Les juveigneurs doivent avoir leur portion quitte et » délivre, et hors de tout encombrement et ne payeront au» cune chose des dettes de leur père ou mère, pour ce qu'ils » ne prendront rien aux meubles, s'il ne leur en est donné (2), » et cet article était emprunté au chapitre 209 de la Très ancienne Coutume.

2° Le partage avantageux, des deux parts au tiers, fut établi pour toutes les terres nobles sans distinction, même pour les terres qui jusque-là n'avaient pas été soumises au régime de l'Assise. On n'exige plus la possession du gouvernement noble dans le partage des terres, mais seulement la noblesse des personnes : les fiefs doivent être partagés noblement, entre les nobles « qui ont eux et leurs prédécesseurs, dès et par » avant les cent ans derniers, vécu et se sont comportés noble» ment... » (Article 541 N. C.). — Il n'y avait donc plus lieu comme auparavant, de se livrer à de longues et périlleuses informations sur la façon dont les terres à partager s'étaient autrefois gouvernées ; la noblesse des personnes prouvée par une possession d'état de cent ans suffisait; la loi devenait la même pour tous. De là une grande simplification dont se réjouissait d'Argentré (3).

3° Le préciput de l'aîné fut fixé d'une manière plus précise (4).

4° On donna aux puînés, tant fils que filles, leurs tiers *par héritage*.

105. — Cette dernière réforme est capitale. Elle équivaut à l'abrogation de l'Assise, puisque l'indivisibilité de la terre, qui en était le principe, disparaît. Aussi, à partir de 1580, ne fut-il plus question de *partage selon l'Assise* pour tous les fiefs inférieurs aux baronnies (5).

(1) D'Argentré, *Aitiologia,* sur 541 N. C.

(2) Cet article porte le n° 551 dans le *Coutumier général.*

(3) « Hæc prima lex inter omnes æque nobiles sine discrimine constituta... » quæ causa olim mille dissidiorum divortia seruerat » (*Aitiologia*, sur l'article 541).

(4) « Diffiniri certis terminis placuit quod Franci volatu capi metiuntur » (D'Argentré, *ibid.*).

(5) La même réforme avait déjà eu lieu en Picardie en 1567, lors de la

106. — Ces différentes réformes, qui sont toutes contenues dans l'article 541 N. C., ont été inspirées par d'Argentré (1), et nous devons reconnaître qu'en cette matière son influence a été tout particulièrement heureuse. Il s'était souvent plaint qu'il y eut « sous même coutume diverses formes d'user, » provenantes de ce qu'il aurait plu à chacun d'en accepter et » refuser, et conséquemment dépendantes d'enquêtes et infor- » mations en chacune maison particulière (2). » Il avait également réclamé, tout aîné qu'il était, en faveur des puînés. Lui, si entiché des privilèges de la Noblesse, il voulait qu'on améliorât leur condition en les partageant en propriété (3). La réformation de la Coutume, à laquelle il prit part, lui fournit l'occasion de réaliser ses vœux.

107. — Mais tous ces changements ne pouvaient se faire sans ménager les susceptibilités des anciennes familles qui suivaient l'Assise et s'en faisaient gloire. On se vit donc forcé, comme en 1539, d'introduire en leur faveur une disposition spéciale. Ce fut l'objet de l'article 542, ainsi conçu : « Et en ce ne sont compris les anciens comtes et barons qui se traiteront en leurs partages comme ils ont fait au temps passé. » Dans son *Aitiologie*, d'Argentré nous explique pourquoi cette exception a été admise : « Hic Articulus concordiæ ordinum » datus est, ne reformationis actus intercessione importunâ » potentium turbarentur. Nam cœtera nobilitas facile cessit ut » secundo genitis triens hereditatis tribueretur par héritage. » Les barons ne le veulent accorder qu'à viage ; c'est tout le » différend. »

réformation de la Coutume (art. 71). — Dans l'Anjou et dans le Maine les puînés avaient vainement lutté en 1508 pour obtenir cette amélioration; le partage à viage y fut maintenu (*Procès-verbaux du Maine et d'Anjou*, dans Bourdot de Richebourg, *Coutumier général*, t. VI, p. 524 et 592). Il en fut de même en Normandie, Coutume de 1583, art. 291 et 302.

(1) Il fut au nombre des commissaires chargés de la réformation.

(2) *Partage des Nobles*, col. 2171.

(3) « Si quid in me iudicii est de rebus, et tot annorum commerciis et usu » profeci, omnino hæc mihi temperanda acerbitas consuetudinis videtur, quæ » nobis tot pugnas subinde redintegrat et familiarum exitia, omninoque trientem perpetuum et *par heritage* secundo natis tribuendum *licet primogenitus* » censeo..., damnata memoria Assisiæ et factiosi iuris » (*Des successions et partages*, col. 1974).

Cette fois la réserve faite pour eux avait une bien plus grande valeur qu'en 1539. Il ne s'agissait plus seulement de savoir si la quote de leurs puînés serait fixe ou arbitraire; c'était le principe même de l'Assise, l'indivisibilité du fief, qui était en jeu; supprimée pour tous les autres, elle était maintenue à leur profit.

En revanche l'exception était plus restreinte, son champ d'application allait en se rétrécissant, car elle ne profitait plus désormais qu'aux *anciens* comtes et barons, c'est-à-dire à un petit nombre de familles et de terres, à l'exclusion des parvenus que le bon plaisir du roi décorait de ces titres. — Le mot *anciens* ne figurait pas dans la rédaction de 1539.

108. — Un certain nombre de seigneurs ne purent souffrir qu'on les séparât des barons pour la forme du partage, et s'opposèrent à l'article 541 nouveau, protestant « qu'eux et » leurs prédécesseurs, seigneurs desdits lieux et d'autres » nobles et anciennes seigneuries qu'ils tiennent et possèdent, » se sont de temps immémorial gouvernés noblement en leurs » partages selon l'Assise et Ordonnance du comte Geffroi et » coutume ancienne des nobles qui est que l'aîné ait la propriété » de toute la succession, et les puînés leur contingente portion par usufruit et à viage seulement et les filles par héritage (1). » Leur protestation fut rejetée.

CONCLUSION.

109. — Un premier résultat se dégage de notre étude : c'est qu'en France tout au moins l'indivisibilité des terres s'est établie tardivement dans le régime féodal; elle est venue au moment de son plein épanouissement, et elle a été pour ainsi dire son dernier mot. Immédiatement après le recul a commencé.

Ce n'était donc pas, comme le pensait M. Laboulaye, une condition primitive du contrat d'inféodation, une volonté du seigneur réglant l'ordre des successions au moment de la concession de la terre (2). Ce peut être vrai pour l'Angleterre où

(1) Hévin, *Consultations*, p. 544.

(2) *Condition civile et politique des femmes*, p. 211.

le système féodal fut l'œuvre arbitraire d'un conquérant (1), mais on ne pourrait en dire autant de la Bretagne. Geffroi trouvait dans son duché des fiefs anciens, tout constitués, et qui n'émanaient pas de lui. La féodalité s'y était organisée pendant le siècle précédent ; elle avait remplacé le machtyernat et les anciennes institutions purement bretonnes que les Normands en ravageant la Bretagne avaient anéanties (2).

110. — D'un autre côté l'Assise, qui était à ses débuts une loi essentiellement militaire (3), n'a pu vivre qu'à la condition de s'assouplir. L'esprit aristocratique l'a vite pénétrée ; il s'en est emparé et, en la transformant, il lui a assuré les plus brillantes destinées. L'institution du partage à viage a été, en

(1) On en connaît quelques autres exemples isolés (Viollet, *Précis*, p. 723).

(2) A lire sur ce sujet : *La reconstitution politique et religieuse de la Bretagne au XIe siècle*, par M. Arthur de la Borderie (*Revue de Bretagne et de Vendée*, 1874, t. XI, p. 257 et 351). On y trouvera des renseignements substantiels sur la géographie des fiefs bretons, sur leur origine et sur leur organisation savamment pondérée. Comme préface à ces études, on fera bien de voir la *Géographie historique de la Bretagne avant le IX*[e] *siècle* du même auteur (*Bulletin archéologique de l'association bretonne*, 1851, t. III, 2e partie, p. 68 et p. 160).

(3) Le *Rolle des osts du duc*, de 1294, dont j'ai parlé au no 19, a été publié en français, d'après l'original conservé à la Chambre des comptes de Nantes, par D. Lobineau (*Preuves*, col. 436) et par D. Morice (*Preuves*, t. I, col. 1110). Ce manuscrit existe encore aux archives de la Loire-Inférieure, mais il a été retiré récemment du fonds de la Chambre des comptes et joint au Trésor des chartes du duché (série E, no 132). — On trouve le même document rédigé en latin dans le *Chronicon briocense* (Bibliothèque nationale, MS. lat. 6003), et c'est cette rédaction latine qui a été traduite en français, à la fin de l'*Histoire de Bretaigne*, composée par Pierre le Baud et imprimée à Paris, en 1638, par d'Hozier ; elle s'y trouve avec d'autres extraits du *Chronicon*, entre autres les fameuses chartes apocryphes d'Alain le Long et d'Alain Fergent. Hévin, qui s'était aperçu de cette double rédaction latine et française, avait fait faire des recherches par un de ses correspondants de Nantes, dans les armoires du Trésor des chartes, mais ses notes manuscrites n'indiquent pas quel en fut le résultat ; elles nous apprennent seulement qu'il y en avait deux exemplaires. — Pierre le Baud (ou son éditeur) mentionne, en outre, un autre original « dans les tiltres du Roy » (*op. cit.*, p. 196). — Outre les textes indiqués en note sous le no 19, on peut en rapprocher les suivants : 1o *Nomina militum ferentes bannerias, tam in Normannia quam in aliis Franciæ provinciis tempore Philippi II regis* (Duchesne, *Historiæ Normannorum Scriptores antiqui*, Paris, 1619, p. 1031) ; 2o *Feoda Britanniæ, cum scripto de servitiis militum quæ debentur duci* (*ibid.*, p. 1037 et 1045), qui sont tous les deux du plus haut intérêt. On y trouve une liste des bannerets de Bretagne.

effet, la condition décisive du succès de l'Assise. Il est à croire que sans cela elle n'aurait pas fourni une aussi longue carrière, et que son système d'indivisibilité absolue, inspiré par les nécessités politiques d'une époque, eût paru plus tard une rigueur excessive et non justifiée. Ce fut une sorte de transaction entre les exigences des aînés et les réclamations des puînés, entre l'indivisibilité absolue et le partage.

112. — Si nous voulons maintenant résumer en quelques lignes l'histoire de l'Assise, nous pourrons dire que pendant quatre siècles, de 1185 à 1580, elle avait conservé toute son importance (1), mais que pendant les deux siècles qui vont de la réformation de la Coutume à la Révolution, elle ne fut plus guère qu'un problème historique, donnant lieu, de loin en loin, à des débats retentissants, quand venait à s'ouvrir une succession de baronnie.

En effet, jusqu'en 1580, le vieux système de Geffroi s'était maintenu à peu-près intact.

La seule réforme antérieure à cette époque dont nous puissions affirmer l'existence est celle de 1275, et elle ne porta que sur des points secondaires : suppression du droit de bail que s'arrogeait le duc; retour au gros du fief de la terre du juveigneur décédé sans postérité, bien qu'il eût rendu hommage à l'aîné. — Le régime successoral organisé par Geffroi n'avait donc pas été touché dans ses parties essentielles.

Quant à l'institution du partage à viage, même avec fixation au tiers de la part des puînés, qu'elle ait fait l'objet d'une réforme législative ou qu'elle ait été le résultat d'un usage, elle n'altérait pas l'esprit du système, puisque l'indivisibilité de la terre était maintenue comme principe.

La rédaction de la Très ancienne Coutume et la révision officielle de 1539 n'apportèrent aucune modification, quoi qu'en ait dit d'Argentré.

L'antique régime successoral des fiefs bretons était ainsi arrivé jusqu'à la fin du XVIe siècle sans changements bien profonds, mais quand survint la réformation de 1580, il y sombra presque entièrement.

(1) C'est avec raison qu'en 1570 d'Argentré l'appelait encore « la plus conséquentieuse partie de la Coustume du pays de Bretagne » (*Partages des Nobles*, col. 2167).

Trop de doutes s'élevaient autour des vieux usages qui se perdaient et des vieux textes qu'on ne comprenait plus : on voulut opérer d'utiles réformes; on régularisa les partages nobles en appliquant les mêmes règles à toutes les familles, sans distinguer d'après leurs usements particuliers; on donna aux puînés leur part en propriété et non plus à viage.

C'étaient là de grands progrès aux yeux des contemporains, et d'Argentré, qui en était l'auteur, s'en applaudissait; mais c'était aussi la ruine de l'Assise : l'indivisibilité, qui en était la pierre angulaire, était supprimée.

Elle subsistait bien pour les anciens barons, c'est-à-dire ceux qui remontaient au temps des ducs. Mais combien étaient-ils, ces privilégiés, derniers gardiens de l'Assise? Quatre ou cinq peut-être (1).

Pour tous les autres, qui possédaient l'immense majorité des terres nobles, un nouveau régime fut inauguré en 1580. Ce régime, simple partage avantageux des deux parts au tiers, avait pour base l'idée nobiliaire; pour but la conservation des familles; il aurait dû, comme l'Assise, aboutir à l'indivisibilité; mais on transigeait sur la question de principe, on appauvrissait les puînés sans assurer la fortune de l'aîné. C'était encore un partage noble; ce n'était plus un système féodal de succession. La vraie loi des fiefs, c'était l'Assise.

Néanmoins il resta toujours quelque chose du vieux système, même dans ce partage noble nouveau, qui n'était qu'une transformation et une atténuation du gouvernement de l'Assise : l'aîné eut toujours la saisine de la succession tout entière (2), comme au temps où il était seul propriétaire. C'était un souvenir de l'Assise, l'empreinte du passé qui marquait l'origine du droit nouveau (3).

(1) M. de Blois en cite neuf, mais son énumération est évidemment trop longue : il mentionne Fougères, qui avait été racheté par les ducs à la maison d'Alençon, en 1429, et réuni au duché.

(2) T. A. C., chap. XXXVII; art. 512, A. C.; art. 563 et 564, N. C.; Acte de notoriété du 16 novembre 1759, Hévin sur Frain, pp. 510 et 930. — Cf. Coutume de Normandie, art. 237 et 350; Loudunois, tit. XXVII, art. 6.

(3) Poullain du Parc, *Principes*, t. IV, p. 120.

BAR-LE-DUC, IMPRIMERIE CONTANT-LAGUERRE.

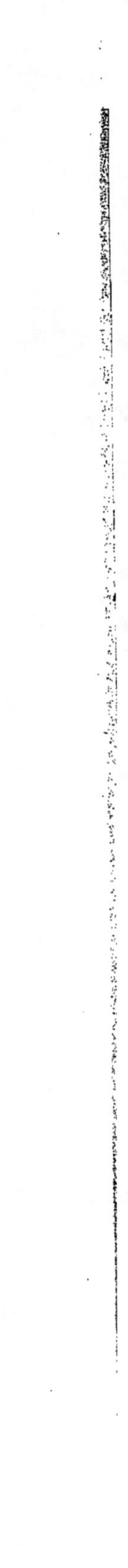

www.ingramcontent.com/pod-product-compliance
Lightning Source LLC
Chambersburg PA
CBHW051743090426
42738CB00010B/2389

* 9 7 8 2 0 1 2 6 7 7 1 2 8 *